Die schönsten Lebensweisheiten

Das Glück deines Lebens hängt von der Beschaffenheit deiner Gedanken ab.
Marc Aurel

Die schönsten Lebensweisheiten

Gesammelt von Gabriele und Gerd Jockel

garant

Impressum

Trotz gründlicher Recherche der Texte kann keine Garantie für ihre originalgetreue Wiedergabe übernommen werden.

Die Schreibweise entspricht den Regeln der neuen deutschen Rechtschreibung.

www.garant-verlag.de

Foto Titelbild: www.pixelquelle.de
Fotos Innenseiten: www.pixelquelle.de
Gestaltung und Satz: Simone Halfar

ISBN 978-3-938264-18-8

Inhalt

Von Liebe und Freundschaft, von Männern und Frauen

Freundschaft ist eine Seele
in zwei Körpern.
Aristoteles

Wer nie im Zorn erglühte, kennt auch die Liebe nicht.
Ernst Moritz Arndt

Liebe ist das Bewusstsein, Freude zu geben und zu empfangen.
Honoré de Balzac

Sobald die Frau aus dem Mann einen Esel gemacht hat, redet sie ihm ein, er sei ein Löwe mit eisernem Willen.
Honoré de Balzac

Die Bewunderung preist, die Liebe ist stumm.
Ludwig Börne

Nicht wenn du liebenswürdig bist, wirst du geliebt; wenn man dich liebt, wirst du liebenswürdig gefunden.
Ludwig Börne

Ihr müsst Herzen säen, wollt ihr Herzen ernten.
Ludwig Börne

Jemanden vergessen wollen heißt, an ihn denken.
Jean de La Bruyère

Anfang und Ende einer Liebe kündigen sich dadurch an, dass man sich scheut, mit dem anderen allein zu sein.
Jean de La Bruyère

Die Vernunft ist des Herzens größte Feindin.
Casanova

Die Liebe besteht zu drei Vierteln aus Neugier.
Casanova

Von Liebe und Freundschaft, von Männern und Frauen

Alles, worauf die Liebe wartet, ist die Gelegenheit.
Miguel de Cervantes

Die Ehe kommt nach der Liebe wie der Rauch nach der Flamme.
Sébastien Nicolas Roch Chamfort

Es gibt Männer, die übertreffen die Beredsamkeit weiblicher Zungen; aber kein Mann besitzt die Beredsamkeit weiblicher Augen.
Demokrit

Man muss sein Glück teilen, um es zu multiplizieren.
Marie von Ebner-Eschenbach

Selbst der bescheidenste Mensch hält mehr von sich, als sein bester Freund von ihm hält.
Marie von Ebner-Eschenbach

Vertrauen ist Mut und Treue ist Kraft.
Marie von Ebner-Eschenbach

Die guten Freunde sind da, um uns zu sagen, was unsere Feinde von uns denken.
Marie von Ebner-Eschenbach

Der beste Weg, einen Freund zu haben, ist der, einer zu sein.
Ralph Waldo Emerson

Ein Freund ist ein Mensch, vor dem man laut denken kann.
Ralph Waldo Emerson

Von Liebe und Freundschaft, von Männern und Frauen

Von allen Geschenken, die uns eine weise Voraussicht gewährt, um das Leben völlig beglückend zu gestalten, ist Freundschaft das schönste.
Epikur

Mit wem man nichts gemein hat, mit dem ist gut Frieden halten.
Anselm Feuerbach

Kurz begegnen, lang gedenken, macht die Seele reich und froh.
Emanuel Geibel

Die wahre Freundschaft zeigt sich im Versagen zur rechten Zeit.
Johann Wolfgang von Goethe

Behandelt die Frauen mit Nachsicht! Aus krummer Rippe ward sie erschaffen; Gott konnte sie nicht gerade machen.
Johann Wolfgang von Goethe

Ohne Aufopferung lässt sich keine Freundschaft denken.
Johann Wolfgang von Goethe

Nur der verdient die Gunst der Frauen, der kräftig sie zu schätzen weiß.
Johann Wolfgang von Goethe

Im Ehestand muss man sich manchmal streiten, denn so erfährt man was voneinander.
Johann Wolfgang von Goethe

Freiwillige Abhängigkeit ist der schönste Zustand und wie wäre der möglich ohne Liebe?
Johann Wolfgang von Goethe

Die Freundschaft ist eine Kunst der Distanz, so wie die Liebe eine Kunst der Nähe ist.
Sigmund Graff

Es muss Herzen geben, welche die Tiefe unseres Wesens kennen und auf uns schwören, selbst wenn die ganze Welt uns verlässt.
Karl Gutzow

Viel besser, nie besitzen als verlieren.
Christian Friedrich Hebbel

Von Liebe und Freundschaft, von Männern und Frauen

Man hat nur dann ein Herz, wenn man es für andere hat.
Christian Friedrich Hebbel

Ein Tor ist immer willig, wenn eine Törin will.
Heinrich Heine

Ein Kompliment ist ein Kuss durch einen Schleier.
Victor Hugo

Verstehen heißt: mit dem Herzen hellsehen.
Victor Hugo

Die Liebe trägt die Seele, wie die Füße den Leib tragen.
Katharina von Siena

Wenn du Menschen fischen willst, so musst du dein Herz an die Angel stecken; dann beißen sie an.
Gottfried Keller

Man ist immer froh, kleine Mängel an geliebten Personen zu finden, um sie nur ohne Verzug verzeihen und sogar mitlieben zu können.
Gottfried Keller

Diene deinen Freunden, ohne zu rechnen.
Gottfried Keller

Lieben soll man alle Menschen, aber vertraut sein mit jedermann – das taugt nichts.
Thomas von Kempen

Von Liebe und Freundschaft, von Männern und Frauen

Nimm dir nie den zum Freunde, der dir nicht ebenbürtig ist.
Konfuzius

So geht es den Empfindsamen! Die Liebe spielt ihnen immer die schlimmsten Streiche.
Gotthold Ephraim Lessing

Wenn eine Betschwester einen Betbruder heiratet, so gibt das nicht immer ein betendes Ehepaar.
Georg Christoph Lichtenberg

Die Freundschaft, die der Wein gemacht, wirkt wie der Wein nur eine Nacht.
Friedrich von Logau

Jesus spricht davon, dass wir vollkommen sein sollen. Nicht in Disziplinen, die wir nicht beherrschen, sondern in dem, was wir alle können: im Lieben.
Chiara Lubich

Es ist kein lieber Ding auf Erden, denn Frauenliebe, wem sie kann zuteil werden.
Martin Luther

Wenn ein Mensch ein ehrlicher Freund ist, dann hat er auch selbst ehrliche Freunde!
Niccolò Macchiavelli

Beim Abschied wird die Zuneigung zu den Sachen, die uns lieb sind, immer ein wenig wärmer.
Michel de Montaigne

Der moderne Mensch läuft zu leicht „heiß“. Ihm fehlt zu sehr das Öl der Liebe.
Christian Morgenstern

Nur wer den Menschen liebt, wird ihn verstehen. Wer ihn verachtet, ihn nicht einmal sehen.
Christian Morgenstern

Schön ist eigentlich alles, was man mit Liebe betrachtet.
Christian Morgenstern

Von Liebe und Freundschaft, von Männern und Frauen

Einander kennen lernen heißt lernen,
wie fremd man einander ist.
Christian Morgenstern

Was aus Liebe getan wird,
geschieht immer jenseits
von Gut und Böse.
Friedrich Nietzsche

Es gibt nur einen Fortschritt, nämlich
den in der Liebe.
Christian Morgenstern

Die Ehe ist ein Buch, dessen
Vorwort in Reimen abgefasst
ist, während der Rest
des Buches aus
Prosa besteht.
Beverley Nichols

Von Liebe und Freundschaft, von Männern und Frauen

Will man einen Freund haben, so muss man auch für ihn Krieg führen wollen! Und um Krieg zu führen, muss man Feind sein können.
Friedrich Nietzsche

Ich behaupte, wenn alle Menschen wüssten, was sie voneinander sagen, es nicht vier Freunde auf der Welt gäbe.
Blaise Pascal

Der Mensch gewöhnt sich an wiederholte Liebe, nicht an wiederholte Ungerechtigkeit.
Jean Paul

Die Liebe macht blind für den geliebten Gegenstand.
Plutarch

Es ist schlimm, erst dann zu merken, dass man keine Freunde hat, wenn man Freunde nötig hat.
Plutarch

Hast du eine Herzenswunde, so berühre sie so wenig wie ein krankes Auge. Gegen Schmerzen der Seele gibt es nur zwei Arzneimittel: Hoffnung und Geduld.
Pythagoras

Aus Vertraulichkeit entsteht die zarteste Freundschaft und der größte Hass.
Antoine de Rivarol

Wenn unsere Freunde uns betrogen haben, sollen wir gegen ihre freundschaftlichen Gesten, aber nie gegen ihr Unglück gleichgültig sein.
François de La Rochefoucauld

Die Eifersucht wächst, solange man zweifelt; sie wird Raserei oder hört auf, sobald man vom Zweifel zur Gewissheit kommt.
François de La Rochefoucauld

Liebende Frauen verzeihen eher große Zudringlichkeiten als kleine Treulosigkeiten.
François de La Rochefoucauld

Von Liebe und Freundschaft, von Männern und Frauen

Um einen guten Liebesbrief zu schreiben, musst du anfangen, ohne zu wissen, was du sagen willst, und enden, ohne zu wissen, was du gesagt hast.
Jean-Jacques Rousseau

Wenn Freund zu Freund kommt, stirbt des Verleumders Macht.
Friedrich Rückert

Verwechsle nicht die Liebe mit dem Rausch des Besitzes, der die schlimmsten Leiden mit sich bringt. Denn du leidest nicht unter der Liebe, wie die Leute meinen, sondern unter dem Besitztrieb, der das Gegenteil der Liebe ist ... Die wirkliche Liebe beginnt, wo keine Gegengabe mehr erwartet wird.
Antoine de Saint-Exupéry

Freunde haben in der Regel das gleiche Geschlecht, denn wenn Männer und Frauen einer Meinung sind, so nur in ihren Schlüssen. Ihre Motive sind immer verschieden.
George Santayana

Liebe ist von allen Lehrern der geschwindeste auf Erden. Was oft Jahre ehr'nen Fleißes nicht erreichen, das gewinnt sie mit dem Zauber einer Bitte, mit der Mahnung eines Blickes.
Josef Viktor von Scheffel

Eifersucht ist eine Leidenschaft, die mit Eifer sucht, was Leiden schafft.
Friedrich Daniel Ernst Schleiermacher

Du sollst nicht geliebt sein wollen, wo du nicht liebst.
Friedrich Daniel Schleiermacher

Man wird in der Regel keinen Freund dadurch verlieren, dass man ihm ein Darlehen abschlägt, aber sehr leicht dadurch, dass man es ihm gibt.
Arthur Schopenhauer

Die Freunde nennen sich aufrichtig. Die Feinde sind es.
Arthur Schopenhauer

Welch ein Schatz ist ein Herz, dem man sicher jedes Geheimnis anvertrauen kann!
Seneca

Von Liebe und Freundschaft, von Männern und Frauen

Männer sind Mai, wenn sie freien,
und Dezember in der Ehe.
William Shakespeare

Übereilte Eh‘ tut selten gut.
William Shakespeare

Der Freund ist ein Geschenk, das du dir selbst gibst.
Robert Louis Stevenson

Das Beste, was der Mensch für einen anderen tun kann, ist doch immer das, was er für ihn ist.
Adalbert Stifter

Ehe man anfängt, seine Feinde zu lieben, sollte man seine Freunde besser behandeln.
Mark Twain

Je größer der Mann, desto größer seine Liebe.
Leonardo da Vinci

Ich bin der Meinung, dass die Weiber von allen Eigenschaften des Mannes die Grausamkeit am meisten schätzen, da ihre Instinkte von einer wundervollen Primitivität sind. Wir sind auf dem Wege, sie zu emanzipieren; dessen ungeachtet werden sie Sklaven bleiben, die gehorsam der Winke ihres Herren harren. Du wirst von einem Weibe nur geliebt werden, wenn du es beherrschst.
Oscar Wilde

Vom schicksalhaften Lauf des Lebens

Niemand kann seinen Leidenschaften
und seinem Nutzen zur gleichen Zeit
dienen.
Marc Aurel

Es ist Lebenskunst, die schönen
Dinge im Leben nicht aufhören,
sondern ausklingen zu lassen.
Elisabeth Bergner

Das wird kein ganzer Kerl, der nie
ein Rüpel war.
Otto Julius Bierbaum

Um alt zu werden, darf man
keine Grundsätze haben.
Ludwig Börne

In einem schwankenden Schiff fällt um, wer stillsteht, nicht wer sich bewegt.
Ludwig Börne

Jeder Augenblick, den du gut nutzt, ist ein Schatz, den du gewinnst.
Don Bosco

Gib der Alltäglichkeit ihr Recht und sie wird dir mit ihren Anforderungen nicht zur Last fallen.
Clemens Brentano

Vom schicksalhaften Lauf des Lebens

Alles wirkliche Leben ist Begegnung.
Martin Buber

Die wahre Lebenskunst besteht darin, im Alltäglichen das Wunderbare zu sehen.
Pearl S. Buck

Die Zeit ist ein großer Lehrer. Das Unglück: Sie tötet ihre Schüler.
Buddha

Alte Bäume behämmert der Specht am meisten.
Wilhelm Busch

Alle Lebewesen außer den Menschen wissen, dass der Hauptzweck des Lebens darin besteht, es zu genießen.
Samuel Butler

Der Herbst ist ein zweiter Frühling, wo jedes Blatt zur Blüte wird.
Albert Camus

Das Bewusstsein eines erfüllten Lebens und die Erinnerung an viele gute Stunden sind das größte Glück auf Erden.
Cicero

Das Gedächtnis nimmt ab, wenn man es nicht übt.
Cicero

Habgier im Alter ist eine Narrheit. Vergrößert man denn seinen Reiseproviant, wenn man sich dem Ziel nähert?
Cicero

Aber da ich kurz zuvor gesagt habe, unsere Vorfahren sollten uns zum Muster dienen, so gelte als erste Ausnahme, dass man nicht ihre Fehler nachahmen muss.
Cicero

Des Vaters Selbstbeherrschung ist der beste Unterricht für seine Kinder.
Demokrit

Stärke und Schönheit sind Vorzüge der Jugend, des Alters Blüte aber ist die Besonnenheit.
Demokrit

Vom schicksalhaften Lauf des Lebens

Wie jammervoll und nüchtern erscheint mir eine Kinderstube, aus der die Märchen verbannt sind.
Marie von Ebner-Eschenbach

Man bleibt jung, solange man noch lernen, neue Gewohnheiten annehmen und Widerspruch ertragen kann.
Marie von Ebner-Eschenbach

Ich lebe in jener Einsamkeit, die peinvoll ist in der Jugend, aber köstlich in den Jahren der Reife.
Albert Einstein

Ich denke niemals an die Zukunft. Sie kommt früh genug.
Albert Einstein

Leben ist ewiger Unterricht in Ursache und Wirkung.
Ralph Waldo Emerson

Niemand hat vom Leben etwas Ordentliches gelernt, solange er nicht weiß, dass jeden Tag Gerichtstag ist.
Ralph Waldo Emerson

Unkraut nennt man die Pflanzen, deren Vorzüge noch nicht erkannt worden sind.
Ralph Waldo Emerson

Das Leben offenbart sich dem Manne in seinem Kinde.
Euripides

Alt ist man dann, wenn man den Lastern nicht mehr auszuweichen braucht, weil sie einem nicht mehr begegnen.
Gustave Flaubert

Du kannst dein Leben nicht verlängern noch verbreitern, nur vertiefen.
Gorch Fock

Jeder, der aufhört zu lernen, ist alt, mag er zwanzig oder achtzig Jahre zählen. Jeder, der weiterlernt, ist jung, mag er zwanzig oder achtzig Jahre zählen.
Henry Ford

Liebst du das
Leben? Dann
verschwende
keine Zeit,
denn daraus ist
das Leben
gemacht.
Benjamin Franklin

Die Natur ist unerbittlich und
unverständlich und es ist ihr
gleichgültig, ob die verborgenen
Gründe und Arten ihres Handelns
dem Menschen verständlich sind
oder nicht!
Galileo Galilei

Leben ist nichts anderes als der
Umgang mit der Welt.
José Ortega y Gasset

Lebe, wie du, wenn du stirbst,
wünschen wirst, gelebt zu haben.
Christian Fürchtegott Gellert

Vom schicksalhaften Lauf des Lebens

Stunden der Not vergiss. Doch was sie dich lehrten, vergiss nie!
Salomon Geßner

Grau, teurer Freund, ist alle Theorie und grün des Lebens goldner Baum.
Johann Wolfgang von Goethe

Wir leben alle vom Vergangenen und gehen am Vergangenen zugrunde.
Johann Wolfgang von Goethe

Kein Mensch will etwas werden, ein jeder will schon etwas sein.
Johann Wolfgang von Goethe

Der Irrtum ist recht gut, solange wir jung sind, man muss ihn nur nicht mit ins Alter schleppen.
Johann Wolfgang von Goethe

Alt wird man wohl, wer aber klug?
Johann Wolfgang von Goethe

Wir wollen alle Tage sparen und brauchen alle Tage mehr.
Johann Wolfgang von Goethe

Man darf nur alt werden, um milder zu sein: Ich sehe keinen Fehler begehen, den ich nicht auch begangen hätte.
Johann Wolfgang von Goethe

Ein Tag der Gunst ist wie ein Tag der Ernte; man muss geschäftig sein, sobald sie reift.
Johann Wolfgang von Goethe

Ein guter Abend kommt heran, wenn ich den ganzen Tag getan.
Johann Wolfgang von Goethe

Greift nur hinein ins Menschenleben! Ein jeder lebt's, nicht vielen ist's bekannt, und wo ihr's packt, da ist's interessant.
Johann Wolfgang von Goethe

Die Sorge geziemt dem Alter, damit die Jugend eine Zeit lang sorglos sein könnte.
Johann Wolfgang von Goethe

Keine Kunst ist's, alt zu werden; es ist Kunst, es zu ertragen.
Johann Wolfgang von Goethe

Vom schicksalhaften Lauf des Lebens

Lebenskunst besteht zu neunzig Prozent aus der Fähigkeit, mit Menschen auszukommen, die man nicht leiden kann.
Samuel Goldwyn

Werde, was du noch nicht bist, bleibe, was du jetzt schon bist; in diesem Bleiben und diesem Werden liegt alles Schöne hier auf Erden.
Franz Grillparzer

Die Lebenserwartung wird immer größer und was man vom Leben erwarten darf, immer kleiner.
Hans Habe

Die Zeiten ändern sich und noch viel mehr die Menschen; und nur selten hebt man mit freud'gem Lächeln wieder auf, was man mit bitteren Tränen fallen ließ
Friedrich Hebbel

Der Jugend wird oft der Vorwurf gemacht, sie glaube, dass die Welt mit ihr erst anfange. Aber das Alter glaubt noch öfter, dass mit ihm die Welt aufhöre.
Friedrich Hebbel

Die zwei größten Tyrannen der Erde: der Zufall und die Zeit.
Johann Gottfried von Herder

Nur die Natur tut Großes umsonst.
Alexander Iwanowitsch Herzen

Wir verlangen, das Leben müsse einen Sinn haben – aber es hat nur ganz genau so viel Sinn, als wir selber ihm zu geben imstande sind.
Hermann Hesse

Die Natur selbst ist wie ein Herd: Wir können das Feuer wiederbeleben, solange noch Glut da ist.
Thor Heyerdahl

Das Alter, das man haben möchte, verdirbt das Alter, das man hat.
Paul von Heyse

Durch Enthaltsamkeit und Ruhe werden viele Krankheiten geheilt.
Hippokrates

Vom schicksalhaften Lauf des Lebens

Wer stark, gesund und jung bleiben und seine Lebenszeit verlängern will, der sei mäßig in allem, atme reine Luft, treibe tägliche Hautpflege und Körperübung, halte den Kopf kalt, die Füße warm, und heile ein kleines Weh eher durch Fasten als durch Arznei.
Hippokrates

Wie wenig ist am Ende der Lebensbahn daran gelegen, was wir erlebten, und wie unendlich viel, was wir daraus machten.
Wilhelm von Humboldt

Das Leben kann nur in der Schau nach rückwärts verstanden, aber nur in der Schau nach vorwärts gelebt werden.
Sören Kierkegaard

Alt ist man, wenn man an der Vergangenheit mehr Freude hat als an der Zukunft.
John Knittel

Das Leben ist ein Zeichen ohne die Korrekturmöglichkeiten eines Radiergummis.
Oskar Kokoschka

Man muss im Leben für seine Erfahrungen bezahlen. Wenn man Glück hat, bekommt man Rabatt.
Oskar Kokoschka

Die uneheliche Tochter der Zeit und des Menschen ist die Eile.
Kollath

Erfahrung ist wie eine Laterne am Rücken: Sie beleuchtet immer nur das Stück des Weges, das wir bereits hinter uns haben.
Konfuzius

Dreierlei Wege klug zu handeln: durch Nachdenken ist der edelste, durch Nachahmen der einfachste, durch Erfahrung der bitterste.
Konfuzius

Eilen hilft nicht; zur rechten Zeit fortgehen, das ist‘s.
Heinrich Julius Lafontaine

Zeigt mir einen Mann der Gewalttat, mit dem es ein gutes Ende genommen hat, und ich will ihn zu meinem Lehrer machen.
Laotse

Lebenskünstler verstehen es, um Dinge gebeten zu werden, die sie gern machen.
Robert Lembke

Das einzige Mittel, das Leben zu ertragen, ist, es schön zu finden.
Rudolf Leonhard

Vom schicksalhaften Lauf des Lebens

Der gerade Weg ist der kürzeste, aber es dauert meist am längsten, bis man auf ihm zum Ziele gelangt.
Georg Christoph Lichtenberg

Nichts macht schneller alt als der immer vorschwebende Gedanke, dass man älter wird.
Georg Christoph Lichtenberg

Verminderung der Bedürfnisse sollte wohl das sein, was man der Jugend durchaus einzuschärfen und wozu man sie zu stärken suchen müsste.
Georg Christoph Lichtenberg

Alle Anhäufungen enden mit Vernichtung. Alle Erhebungen mit Herabstürzen; Verbindung endet mit Trennung, das Leben mit dem Tode. Alles Entstandene endet mit Vergehen, allem Geborenen ist der Tod gewiss; nicht dauernd ist in dieser Welt das Bewegliche wie das Unbewegliche.
Mahâbhârata

Das Leben ist eine Nuss. Sie lässt sich zwischen zwei weichen Kissen nicht knacken.
Arthur Miller

Ein neues Frühjahr zu erleben halte ich jedes Mal für eine große Gnade Gottes.
Helmuth von Moltke

Alternde Menschen sind wie Museen: Nicht auf die Fassade kommt es an, sondern auf die Schätze im Innern.
Jeanne Moreau

Alter schützt vor Liebe nicht, doch die Liebe schützt bis zu einem gewissen Grad vor dem Alter.
Jeanne Moreau

Das Leben ist die Suche des Nichts nach dem Etwas.
Christian Morgenstern

Gehe aufrecht wie die Bäume, lebe dein Leben so stark wie die Berge, sei sanft wie der Frühlingswind, bewahre die Wärme der Sonne im Herzen und der große Geist wird immer mit dir sein.
Weisheit der Navajo-Indianer

Vom schicksalhaften Lauf des Lebens

Es ist eine einfache Wahrheit, dass wir mit unseren Fernsehgeräten und Düsenflugzeugen weiter vom wirklichen Leben entfernt sind als Eingeborene im afrikanischen Busch.
Alexander S. Neill

Wenn man viel hineinzustecken vermag, so hat der Tag hundert Taschen.
Friedrich Nietzsche

Man ist am meisten in Gefahr, überfahren zu werden, wenn man gerade einem Wagen ausgewichen ist.
Friedrich Nietzsche

Hat man Charakter, so hat man auch sein typisches Erlebnis, das immer wiederkommt.
Friedrich Nietzsche

Du hast einen schlimmen Tag gehabt. Sieh zu, dass dir nicht noch ein schlimmerer Abend kommt.
Friedrich Nietzsche

Leben ist ein Feuerprozess. Je reiner der Geist ist, desto heller, feuriger das Leben.
Novalis

Nichts ist schneller als die Jahre.
Ovid

Die Vergangenheit und die Gegenwart sind unsere Mittel. Die Zukunft allein ist unser Zweck.
Blaise Pascal

Man nützt und versteht nur solche Lebensregeln, von denen man die Erfahrungen, worauf sie ruhen, so durchgemacht, dass man die Regeln hätte selber geben können.
Jean Paul

Das Schicksal geht mit uns wie mit Pflanzen um: Es macht uns durch kurze Fröste reifer.
Jean Paul

Vom schicksalhaften Lauf des Lebens

Leben ist so etwas wie eine lange Addition machen, in der man nur die Summe der ersten beiden Zahlenreihen falsch zusammengezählt zu haben braucht, um nicht mehr zurechtzukommen.
Cesare Pavese

In unserer Jugend schuften wir wie die Sklaven, um etwas zu erreichen, wovon wir im Alter sorgenlos leben könnten; und wenn wir alt sind, sehen wir, dass es zu spät ist, so zu leben.
Alexander Pope

Für neunzig Prozent der Menschen besteht der Sinn des Lebens darin, es zu fristen.
Helmut Qualtinger

Alter – es ist die Zeit, wo die Erinnerung an die Stelle der Hoffnung tritt.
Wilhelm Raabe

An seinen
Vorfahren kann
man nichts
ändern, aber man
kann mitbestimmen,
was aus den
Nachkommen wird.
François de La Rochefoucauld

Vom schicksalhaften Lauf des Lebens

Man könnte sagen, die Laster erwarten uns auf dem Weg des Lebens gleich Wirten, bei denen man nacheinander einkehren muss. Ich zweifele, ob die Erfahrung uns sie vermeiden ließe, wenn wir den Weg zweimal machen dürften.
François de La Rochefoucauld

Wenige Leute verstehen es, alt zu werden.
François de La Rochefoucauld

Das Leben ist kurz, weniger wegen der kurzen Zeit, die es dauert, sondern weil uns von dieser kurzen Zeit fast keine bleibt, es zu genießen.
Jean-Jacques Rousseau

Das Alte wird nie alt, es wird nur alt das Neue.
Friedrich Rückert

Wer seinen Sohn versäumt, zum Freunde zu erziehen, hat, wenn er aufhört Kind zu sein, verloren ihn.
Friedrich Rückert

Das Alter nimmt dir nichts, was es dir nicht erstattet.
Friedrich Rückert

Am Abend wird man klug für den vergangenen Tag, doch niemals klug genug für den, der kommen mag.
Friedrich Rückert

Man kann nichts dagegen tun, dass man altert. Aber man kann sich dagegen wehren, dass man veraltet.
Lord Samuel

Wir können nicht eine Seite aus dem Buche unseres Lebens reißen, aber wir können das ganze Buch ins Feuer werfen.
George Sand

Der Augenblick ist kostbar wie das Leben eines Menschen.
Friedrich von Schiller

Vom schicksalhaften Lauf des Lebens

Tätigkeit ist der wahre Genuss des Lebens, ja das Leben selbst.
August Wilhelm Schlegel

Am Ende gilt doch nur, was wir getan und gelebt – und nicht, was wir ersehnt haben.
Arthur Schnitzler

Der Natur liegt bloß unser Dasein, nicht unser Wohlsein am Herzen.
Arthur Schopenhauer

Fange jetzt zu leben an und zähle jeden Tag als ein Leben für sich.
Seneca

Was du für den Gipfel hältst, ist nur eine Stufe.
Seneca

Außer der Zeit gehört uns nichts.
Seneca

Wer jeden Abend sagen kann: „Ich habe gelebt", dem bringt jeder Morgen einen neuen Gewinn.
Seneca

Das Schicksal nimmt nichts, was es nicht gegeben hat.
Seneca

Mit dem Leben ist es wie mit einem Theaterstück: es kommt nicht darauf an, wie lange es ist, sondern wie bunt.
Seneca

Halte dich sauber und hell: Du bist das Fenster, durch das du die Welt sehen musst!
George Bernard Shaw

Auf dem Meere von Geburt und Tod stürmt heftig der Wind der Vergänglichkeit und der Mond der höchsten Wahrheit scheint dort nicht.
Shonin

Lebenskunst ist nicht zuletzt die Fähigkeit, auf etwas Notwendiges zu verzichten, um sich etwas Überflüssiges zu leisten.
Vittorio de Sica

Sorge macht alt vor der Zeit.
Jesus Sirach

Bedenke stets, dass alles vergänglich, dann wirst du im Glück nicht zu fröhlich und im Leid nicht zu traurig sein.
Sokrates

Älter werde ich stets, doch nimmer lerne ich aus.
Solon

Vom schicksalhaften Lauf des Lebens

Nichts zeigt das Alter eines Menschen so sehr, als wenn er die junge Generation schlecht macht.
Adlai E. Stevenson

Es gibt keinen traurigeren Anblick als einen jungen Pessimisten – mit Ausnahme eines alten Optimisten.
Mark Twain

Wer nur mit dem Verstand lebt, hat das Leben nicht verstanden!
Gerd Uhlenbruck

Die kurze Dauer des Lebens kann uns nicht von seinen Freuden abbringen noch über seine Mühsal trösten.
Luc de Clapiers Vauvenargues

Wir können im Leben höchstens eine große Erfahrung haben und das Geheimnis des Lebens ist, diese Erfahrung so oft wie möglich wieder zu haben.
Oscar Wilde

Aber das ist eben das Leiden in den Kindern, dass sie keine Vernunftgründe haben, um ihrem Gefühl aufzuhelfen, wenn es verwundet wird. Und darum, wer ein Kind in seinem Gefühl verwundet, der begeht ein Verbrechen.
Ernst von Wildenbruch

Von menschlichen Schwächen, von Tugend und Charakter

Alles, was gegen das Gewissen geschieht, ist Sünde.
Thomas von Aquin

Gewinn geht doch bei den meisten Menschen – in der Rangordnung – der Ehre vor.
Aristoteles

Besser auf dem rechten Weg hinken, als festen Schrittes abseits wandeln.
Aurelius Augustinus

Moralisten sind Menschen, die sich dort kratzen, wo es andere juckt.
Samuel Becket

Die Eitelkeit ist eine Hypothek, die auf den Fähigkeiten eines Menschen ruht; man muss sie erst wegnehmen, um zu sehen, wie viel wirkliches, inneres Kapital vorhanden ist.
Otto von Bismarck

Niemand ist zufrieden mit seinem Stande, jeder mit seinem Verstande.
Barthold Brockes

Wie der Schatten die Gestalten auf einem Bild, so bringt Bescheidenheit menschliche Verdienste besser zur Geltung.
Jean de La Bruyère

Von menschlichen Schwächen, von Tugend und Charakter

Kräfte lassen sich nicht mitteilen, sondern nur wecken.
Georg Büchner

Gar manches ist vorherbestimmt;
das Schicksal führet in Bedrängnis;
doch wie man sich dabei benimmt, ist
eigne Schuld und nicht Verhängnis.
Wilhelm Busch

Woran du selbst schuldig bist, das schiebe nicht auf die Verhältnisse.
Cato

Die drei schwierigsten Dinge sind:
ein Geheimnis für sich zu behalten,
eine Enttäuschung zu vergessen und
Muße vernünftig zu nutzen.
Chilon

Faulheit ist die Furcht vor bevorstehender Arbeit.
Cicero

Risikolos gewinnen heißt ruhmlos siegen.
Pierre Corneille

Keine Reue ist so schmerzlich wie die vergebliche.
Charles Dickens

Die Dankbarkeit ist eine Last und jede Last will abgeschüttelt sein.
Denis Diderot

Ausdauer ist eine Tochter der Kraft, Hartnäckigkeit eine Tochter der Schwäche, nämlich der Verstandesschwäche.
Marie von Ebner-Eschenbach

Auch, was wir am meisten sind, sind wir nicht immer.
Marie von Ebner-Eschenbach

Andere neidlos Erfolge erringen zu sehen, nach denen man selbst strebt, ist Größe.
Marie von Ebner-Eschenbach

Was du zu müssen glaubst ist, was du willst.
Marie von Ebner-Eschenbach

Der Leute Wesen ist nicht an ihrem Äußeren zu lesen.
Jean de La Fontaine

Man läuft Gefahr zu verlieren, wenn man zu viel gewinnen möchte.
Jean de La Fontaine

Geizhälse sind die Plage ihrer Zeitgenossen, aber das Entzücken ihrer Erben.
Theodor Fontane

Von menschlichen Schwächen, von Tugend und Charakter

Im Verzeihen des Unverzeihlichen ist der Mensch der göttlichen Liebe am nächsten.
Gertrud von Le Fort

Es ist in allen Dingen auf Erden Bescheidenheit nötig und Entsagung.
Gustav Freytag

Der schlimmste Weg, den man wählen kann, ist der, keinen zu wählen.
Friedrich II.

Wer ein Laster liebt, der liebt die Laster alle.
Christian Fürchtegott Gellert

Wer seinen Willen durchsetzen will, muss leise sprechen.
Jean Giraudoux

In der Beschränkung zeigt sich erst der Meister.
Johann Wolfgang von Goethe

Das Betragen ist ein Spiegel, in welchem jeder sein Bild sieht.
Johann Wolfgang von Goethe

Beifall lässt sich, wie Gegenliebe, nicht erzwingen.
Johann Wolfgang von Goethe

Durch das, was wir Betragen und gute Sitten nennen, soll das erreicht werden, was außerdem nur durch Gewalt oder auch nicht einmal durch Gewalt zu erreichen ist.
Johann Wolfgang von Goethe

Durch nichts bezeichnen die Menschen mehr ihren Charakter als durch das, was sie lächerlich finden.
Johann Wolfgang von Goethe

Der Scharfsinn verlässt geistreiche Männer am wenigsten, wenn sie Unrecht haben.
Johann Wolfgang von Goethe

Der geringste Mensch kann komplett sein, wenn er sich innerhalb der Grenzen seiner Fähigkeiten und Fertigkeiten bewegt.
Johann Wolfgang von Goethe

Die Freigebigkeit erwirbt einem jeden Gunst, vorzüglich, wenn sie von Demut begleitet wird.
Johann Wolfgang von Goethe

Oft verbirgt sich der Geiz unter dem Namen der Sparsamkeit, die Verschwendung unter dem Namen der Freigebigkeit.
Gregor der Große

Von menschlichen Schwächen, von Tugend und Charakter

Wer einen Menschen bessern will, muss ihn erst einmal respektieren.
Romano Guardini

Bewunderung, die man erfährt, macht klein, Geringschätzung groß.
Gerhart Hauptmann

Die Dankbarkeit soll eine der schwersten Tugenden sein. Eine noch schwerere möchte sein, die Ansprüche auf Dank nicht zu übertreiben.
Friedrich Hebbel

Ein Kluger bemerkt alles. Ein Dummer macht über alles eine dumme Bemerkung.
Heinrich Heine

Fordere kein lautes Anerkennen! Könne was und man wird dich kennen.
Paul von Heyse

Ein Kaufmann macht durch allzu großes Rühmen die Ware, die ihm feil ist, nur verdächtig.
Horaz

Wenn wir fehlerfrei wären, würde es uns nicht so viel Vergnügen bereiten, sie an anderen festzustellen.
Horaz

Wer über See geht, ändert das Klima und nicht den Charakter.
Horaz

Nehmen Sie einem Durchschnittsmenschen die Lebenslüge und Sie nehmen ihm zur gleichen Zeit das Glück.
Henrik Ibsen

Wanderer ohne Gepäck, die pfeifen sich eins vor dem Räuber!
Juvenal

Faulheit ist der Hang zur Ruhe ohne vorherige Arbeit.
Immanuel Kant

Zorn ist ein Schreck, der zugleich die Kräfte zum Widerstand gegen das Übel rege macht.
Immanuel Kant

Verlasse alles, so findest du alles; lass deine Begierde, so findest du Ruhe.
Thomas von Kempen

Aufrichtigkeit erfordert ein ungebrochenes Verhältnis zum eigenen Rückgrat.
Hanns-Hermann Kersten

Von menschlichen Schwächen, von Tugend und Charakter

Viele Menschen gehen an ihren Liebhabereien zugrunde. Deshalb bewache scharf deinen Zeitvertreib!
Adolph Kolping

Wer einen Fehler gemacht hat und nicht korrigiert, der begeht einen zweiten.
Konfuzius

Zwerge bleiben Zwerge, auch wenn sie auf den Alpen sitzen.
August von Kotzebue

Egoisten sind wir alle, der eine mehr, der andere weniger.
August von Kotzebue

Armut schändet nicht, ist ein Sprichwort, das alle Menschen im Munde führen und keiner im Herzen.
August von Kotzebue

Wer viele Schätze anhäuft, hat viel zu verlieren.
Laotse

Verantwortlich ist man nicht nur für das, was man tut, sondern auch für das, was man nicht tut.
Laotse

Es gibt Leute, die meinen, alles wäre vernünftig, was man mit einem ernsthaften Gesicht tut.
Georg Christoph Lichtenberg

Nur Betrug entehrt, der Irrtum nie.
Georg Christoph Lichtenberg

Ein Unverschämter kann bescheiden aussehen, wenn er will, aber kein Bescheidener unverschämt.
Georg Christoph Lichtenberg

Zerstreutheit ist ein Zeichen von Klugheit und Güte. Dumme und boshafte Menschen sind immer geistesgegenwärtig.
Christian Josef Fürst von Ligné

Willst du den Charakter eines Menschen erkennen, gib ihm Macht.
Abraham Lincoln

Sage nicht immer, was du weißt, aber wisse immer, was du sagst.
Abraham Lincoln

Wodurch wird Würd‘ und Glück erhalten lange Zeit? Ich meine, durch nichts mehr als Bescheidenheit.
Friedrich Freiherr von Logau

Von menschlichen Schwächen, von Tugend und Charakter

Die Damen, die sich gerne schminken, die lassen sich wohl selbst bedünken, dass wo Natur an ihren Gaben muss etwas übersehen haben.
Friedrich Freiherr von Logau

Nichts wird langsamer vergessen als eine Beleidigung und nichts schneller als eine Wohltat.
Martin Luther

Die meisten Menschen geben ihre Laster erst auf, wenn sie ihnen Beschwerden machen.
Somerset Maugham

Ich bin kein ausgeklügelt‘ Buch, ich bin ein Mensch in seinem Widerspruch.
Conrad Ferdinand Meyer

Wie unglücklich ist das Los der Menschen! Kaum ist der Geist zur Ruhe gelangt, so beginnt der Körper schwach zu werden.
Charles de Secondat Montesquieu

Dumm ist nicht, wer etwas Dummes begeht, sondern wer seine Dummheit nachher nicht zu verdecken versteht.
Baltasar Gracián y Morales

Viele verlieren den Verstand nur deshalb nicht, weil sie keinen haben.
Baltasar Gracián y Morales

Der Narr tut, was er nicht lassen kann. Der Weise lässt, was er nicht tun kann.
Christian Morgenstern

Man soll nie das Wohl, man soll das Heil eines Menschen im Auge haben.
Christian Morgenstern

Vom Erhabenen zum Lächerlichen ist nur ein Schritt.
Napoleon I.

Reich oder arm – das Schicksal findet bei jedem die Stelle heraus, wo er kitzlig ist.
Johann Nestroy

Von menschlichen Schwächen, von Tugend und Charakter

Man wird selten irren, wenn man extreme Handlungen auf Eitelkeit, mittelmäßige auf Gewöhnung und kleinliche auf Furcht zurückführt.
Friedrich Nietzsche

Die Einsamkeit macht uns härter gegen uns und sehnsüchtiger gegen die Menschen: In beiden verbessert sie den Charakter.
Friedrich Nietzsche

Bereuen heißt sich selbst im Stich lassen.
Friedrich Nietzsche

Gerechtigkeit ist Liebe mit sehenden Augen.
Friedrich Nietzsche

Ein Charakter ist ein vollkommen gebildeter Wille.
Novalis

Ich bewundere nichts weniger als den Reichtum eines Menschen, wohl aber den Gebrauch, den er davon macht.
Blaise Pascal

Auf Rechte ist man nicht stolz, sondern auf Vorrechte.
Jean Paul

Der Mensch ist nie so schön, als wenn er um Verzeihung bittet oder selbst verzeiht.
Jean Paul

Wenn jemand bescheiden bleibt, nicht beim Lobe, sondern beim Tadel, dann ist er's.
Jean Paul

Alle Vergnügungen auf alle Weise genießen zu wollen, ist unvernünftig; alle ganz vermeiden, gefühllos.
Plutarch

Wer alles haben will, bekommt am Ende nichts.
Karl Wilhelm Ramler

Man kann schlauer sein als ein anderer, aber nicht schlauer als alle anderen.
François de La Rochefoucauld

Von menschlichen Schwächen, von Tugend und Charakter

Tugenden sind meist nur verkleidete Laster.
François de La Rochefoucauld

Was Edelmut scheint, ist oft nur verkleidete Ehrsucht, die kleine Vorteile verachtet, um großen nachzugehen.
François de La Rochefoucauld

Leidenschaft macht oft den gescheitesten Mann zum Narren und den größten Dummkopf zum gescheiten Mann.
François de La Rochefoucauld

Wie können wir glauben, ein anderer könne unser Geheimnis bewahren, wenn wir es selbst nicht hüten können?
François de La Rochefoucauld

Die Menschen wären weniger selbstbewusst, wenn sie sich mehr ihres Selbst bewusst wären.
Friedrich Rückert

Mit Adleraugen sehen wir die Fehler anderer, mit Maulwurfsaugen unsere eigenen.
Franz von Sales

Anmut ist eine Schönheit, die nicht von der Natur gegeben, sondern von dem Subjekte selbst hervorgebracht wird.
Friedrich von Schiller

Gibt es keinen Grund, etwas zu tun, dann gibt es einen Grund, es nicht zu tun.
Walter Scott

Was nützt es dir, keinen Mitwisser zu haben, wo du ein Gewissen hast?
Seneca

Dem Neide wirst du entgehen, wenn du verstehst, dich im Stillen zu freuen.
Seneca

Den Willigen führt das Geschick, den Störrischen zieht es mit.
Seneca

Jede Rohheit hat ihren Ursprung in einer Schwäche.
Seneca

Es steigt der Mut mit der Gelegenheit.
William Shakespeare

Besser ein weiser Tor als ein törichter Weiser.
William Shakespeare

Von menschlichen Schwächen, von Tugend und Charakter

Die Leute lassen sich lieber durch Lob ruinieren als durch Kritik bessern.
George Bernard Shaw

Christ, du bedarfst nicht viel zur ewigen Seligkeit; es hilft ein einziges Kraut, das heißt Gelassenheit.
Angelus Silesius

Leichter lässt sich eine glühende Kohle auf der Zunge halten als ein Geheimnis.
Sokrates

Auch der Anblick des Schlechten kann eine Schulung für das Gute sein.
Niccolò Tammaseo

Die Welt ist ein seltsames Theater, wo die schlechtesten Stücke den größten Erfolg haben.
Alexis de Tocqueville

Beim Gespräch hört der eine aus der Rede des anderen nur sein Stichwort.
Charles Tschopp

Feigheit ist der wirksamste Schutz gegen die Versuchung.
Mark Twain

Versuchungen sind wie Vagabunden: Freundlich behandelt, kommen sie wieder und bringen andere mit.
Mark Twain

Was manche Menschen sich selbst vormachen, das macht ihnen so schnell keiner nach.
Gerd Uhlenbruck

Wer seine Wünsche zähmen kann, ist reich genug.
Voltaire

Die Eigenliebe ist ein windgeblähter Ballon, aus dem Stürme hervorbrechen, wenn er geritzt wird.
Voltaire

Der einzige Weg, eine Versuchung loszuwerden, ist, ihr nachzugeben.
Oscar Wilde

Von menschlichen Schwächen, von Tugend und Charakter

Die guten Vorsätze kann ich nur als einen nutzlosen Versuch, die Entwicklungsgesetze aufzuheben, bezeichnen. Ihr Ursprung ist die reine Eitelkeit, ihr Resultat ein absolutes Nichts. Dann und wann verursachen sie uns freilich eine jener luxuriösen, unfruchtbaren Emotionen, die unter Umständen einen gewissen Reiz für uns haben können. Es sind Schecks, die jemand auf eine Bank ausstellt, auf der er kein Konto hat.
Oscar Wilde

Der Jammer mit den Weltverbesserern ist, dass sie nicht bei sich selber anfangen.
Thornton Wilder

Die eine Hälfte des Lebens ist Glück, die andere ist Disziplin – und die ist entscheidend, denn ohne Disziplin könnte man mit seinem Glück nichts anfangen.
Carl Zuckmayer

Von Selbstkritik und Selbsterkenntnis

Die Liebe, die ein jeder gegen sich selbst hegt, ist kein zufälliges, sondern ein von Natur in ihn gepflanztes Gefühl. Der Egoismus dagegen unterliegt gerechtem Tadel, denn er ist eine über das Maß hinaus gesteigerte Selbstliebe.
Aristoteles

Um sich selbst zu erkennen, muss man handeln.
Albert Camus

Der Maßstab, den wir in die Dinge legen, ist das Maß unseres eigenen Geistes.
Marie von Ebner-Eschenbach

Wir unterschätzen das, was wir haben, und überschätzen das, was wir sind.
Marie von Ebner-Eschenbach

Kein Mensch weiß, was in ihm schlummert und zutage kommt, wenn sein Schicksal anfängt, ihm über den Kopf zu wachsen.
Marie von Ebner-Eschenbach

Von Selbstkritik und Selbsterkenntnis

Wir sind so eitel, dass uns sogar an der Meinung der Leute, an denen uns nichts liegt, etwas gelegen ist.
Marie von Ebner-Eschenbach

Es ist schwer, den, der uns bewundert, für einen Dummkopf zu halten.
Marie von Ebner-Eschenbach

Wir sind leicht bereit,
uns selbst zu tadeln, unter
der Bedingung, dass
niemand einstimmt.
Marie von Ebner
Eschenbach

Von Selbstkritik und Selbsterkenntnis

Viele Leute glauben, wenn sie einen Fehler erst eingestanden haben, brauchen sie ihn nicht mehr abzulegen.
Marie von Ebner-Eschenbach

Der Intellekt hat ein scharfes Auge für Methoden und Werkzeuge, aber er ist blind gegen Ziele und Werte.
Albert Einstein

Wer seine Vergangenheit nicht kennt, ist dazu verurteilt, sie zu wiederholen.
Sigmund Freud

Sei der du bist, wenn du ein anderer werden möchtest.
Johann Wolfgang von Goethe

Inwendig lernt kein Mensch sein Innerstes erkennen; denn er misst nach eigenem Maß sich bald zu klein und leider oft zu groß. Der Mensch erkennt sich nur im Menschen, nur das Leben lehre jeden, was er sei.
Johann Wolfgang von Goethe

Sage mir, mit wem du umgehst, so sage ich dir, wer du bist! Weiß ich, womit du dich beschäftigst, so weiß ich, was aus dir werden kann.
Johann Wolfgang von Goethe

Wie kann man sich selbst kennen lernen? Durch Betrachten niemals, wohl aber durch Handeln. Versuche, deine Pflicht zu tun und du weißt gleich, was an dir ist.
Johann Wolfgang von Goethe

Sich selbst kennen ist bei einem selbst mittelmäßigen Verstand nicht so schwer, wie manche Leute sagen; aber im Leben demgemäß handeln, was man von sich erkannt hat, ist ebenso schwer wie die Praxis in allen Dingen, gegen die Theorie betrachtet.
Franz Grillparzer

Was deprimierend ist: Du bist wie die anderen. Was tröstlich ist: Alle anderen sind wie du.
Johannes Gross

Seine eigene Dummheit zu erkennen, mag schmerzlich sein. Keinesfalls aber eine Dummheit.
Oliver Hassencamp

Es gibt auch Spiegel, in denen man erkennen kann, was einem fehlt.
Friedrich Hebbel

Mancher hält sich für vollkommen, nur weil er geringere Ansprüche an sich stellt.
Hermann Hesse

Von Selbstkritik und Selbsterkenntnis

Wenn wir einen Menschen hassen, so hassen wir in seinem Bild etwas, was in uns selber sitzt. Was nicht in uns selber ist, das regt uns nicht auf.
Hermann Hesse

Ich halte die Selbsterkenntnis für schwierig und selten, die Selbsttäuschung für sehr leicht und gewöhnlich.
Alexander von Humboldt

Nichts bewahrt uns so gründlich vor Illusionen wie ein Blick in den Spiegel.
Aldous Huxley

Wer seine Meinung nie zurückzieht, liebt sich selbst mehr als die Wahrheit.
Joseph Joubert

Alles, was uns an anderen missfällt, kann uns zu besserer Selbsterkenntnis führen.
Carl Gustav Jung

Neid, Habsucht, Hartherzigkeit, Verleumdungssucht, Trägheit, alle diese Laster lassen sich bändigen und einschläfern! Nur die Eitelkeit ist immer wach und verstrickt den Menschen unaufhörlich in tausend lügenhafte oder wenigstens unnötige Dinge, Brutalitäten und kleinere oder größere Gefahren, die alle zuletzt ein ganz anderes Wesen aus ihm machen, als er eigentlich zu sein wünscht.
Gottfried Keller

Viele suchen in den Dingen, die sie betreiben, heimlich nur sich selbst – und wissen es nicht.
Thomas von Kempen

Von Selbstkritik und Selbsterkenntnis

Dadurch, dass man über die Verkehrtheiten anderer redet, macht man sich selbst nicht besser.
Konfuzius

Andere erkennen ist weise. Sich selbst erkennen ist Erleuchtung.
Laotse

Nicht der äußere Mensch, sondern der innere hat Spiegel nötig. Man kann sich nicht anders sehen als im Auge eines fremden Sehers.
Jean Paul

Nie zeichnet der Mensch den eigenen Charakter schärfer als in seiner Manier, einen fremden zu zeichnen.
Jean Paul

Wenn man das „Ich“ analysieren will, wird man entdecken, dass es gar nicht vorhanden ist. Wie von der Zwiebel, der man Haut um Haut abziehen kann, schließlich nichts übrig bleibt, so zerrinnt das „Ich“ in nichts.
Râmakrishna

Es ist ebenso leicht, sich selber zu täuschen, ohne es zu merken, wie es schwer ist, die anderen zu täuschen, ohne dass sie es bemerken.
François de La Rochefoucauld

Suche deine eigene Weisheit in dir selbst.
Padma Sambhava

Von Selbstkritik und Selbsterkenntnis

Sucht der Unwissende im Außen oder außerhalb des Geistes sich selbst zu erkennen, wie sollte er sich selbst finden können, da er andere als sich selbst sucht? Wer so Selbsterkenntnis sucht, gleicht einem Wahnsinnigen, der sich inmitten einer Menge zur Schau stellt und vergisst, wer er ist, um sich selbst dann überall zu suchen.
Padma Sambhava

Willst du dich selber erkennen, so sieh, wie die andern es treiben. Willst du die andern verstehen, blick in dein eigenes Herz.
Friedrich von Schiller

Der eigene Vorteil verfälscht das Urteil vollständig.
Arthur Schopenhauer

Wie man das Gewicht seines eigenen Körpers trägt, ohne es, wie doch das jedes fremden, den man bewegen will, zu fühlen, so bemerkt man nicht die eignen Fehler und Laster, sondern nur die der anderen.
Arthur Schopenhauer

Diesen Fehler hat jeder Ehrgeiz; er schaut nicht zurück.
Seneca

Gerade das ist der Beweis einer Besserung der inneren Verfassung, dass die Seele ihre Fehler, von denen sie bis dahin nichts wusste, als solche erkennt.
Seneca

Der Fehler liegt nicht bei den Dingen, sondern in uns selbst.
Seneca

Sie lieben mich und machen einen Esel aus mir. Meine Feinde hingegen sagen mir geradeheraus, dass ich ein Esel bin: Also nehme ich durch meine Feinde in der Selbsterkenntnis zu und durch meine Freunde werde ich hintergangen.
William Shakespeare

Die besten Reformer, die die Welt je gesehen hat, sind die, die bei sich selbst anfangen.
George Bernard Shaw

Jeder möchte die Welt verbessern und jeder könnte es auch, wenn er nur bei sich selber anfangen wollte.
Karl Heinrich Waggerl

Nur die Oberflächlichen kennen sich selbst.
Oscar Wilde

Von der zwischenmenschlichen Verständigung

Sprichst du, was dir gefällt, musst du auch das hören, was nicht gefällt.
Alkaios

Geistreich sein heißt, sich verständlich zu machen, ohne deutlich zu werden.
Jean Anouilh

In dir muss brennen, was du in anderen entzünden willst.
Aurelius Augustinus

Keiner von uns sage, er habe die Wahrheit schon gefunden. Lasst sie uns vielmehr so suchen, als ob sie uns beiden unbekannt sei. Wenn keiner sich anmaßt, sie schon gefunden und erkannt zu haben, dann werden wir sie gewissenhaft und einträchtig gemeinsam suchen können.
Aurelius Augustinus

Klug fragen können ist die halbe Weisheit.
Francis Bacon

Wer viel redet, glaubt am Ende, was er sagt.
Honoré de Balzac

Jeder Superlativ reizt zum Widerspruch.
Otto von Bismarck

Wer A sagt, der muss nicht B sagen. Er kann auch erkennen, dass A falsch war.
Bertolt Brecht

Niemand holt sein Wort wieder ein.
Wilhelm Busch

Schweigen ist die unerträglichste Erwiderung.
Gilbert Chesterton

Große Rede ist klar und durchsichtig; kleine Rede ist laut und aufdringlich.
Chuang-Tzu

Zu reden, wenn man nicht gefragt wurde, das nennt man Geschwätzigkeit.
Chuang-Tzu

Wie der Mensch, so seine Rede.
Cicero

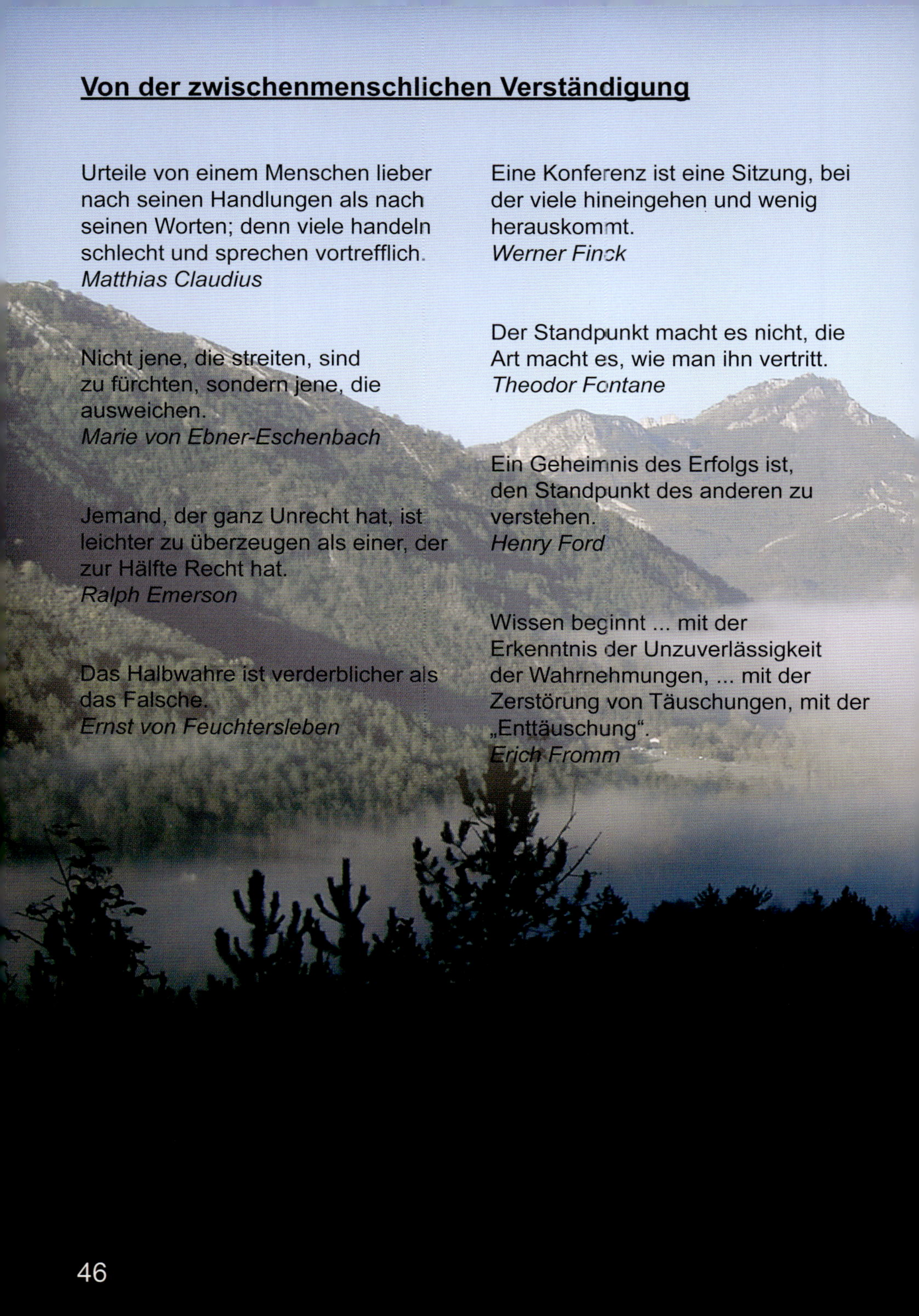

Von der zwischenmenschlichen Verständigung

Urteile von einem Menschen lieber nach seinen Handlungen als nach seinen Worten; denn viele handeln schlecht und sprechen vortrefflich.
Matthias Claudius

Nicht jene, die streiten, sind zu fürchten, sondern jene, die ausweichen.
Marie von Ebner-Eschenbach

Jemand, der ganz Unrecht hat, ist leichter zu überzeugen als einer, der zur Hälfte Recht hat.
Ralph Emerson

Das Halbwahre ist verderblicher als das Falsche.
Ernst von Feuchtersleben

Eine Konferenz ist eine Sitzung, bei der viele hineingehen und wenig herauskommt.
Werner Finck

Der Standpunkt macht es nicht, die Art macht es, wie man ihn vertritt.
Theodor Fontane

Ein Geheimnis des Erfolgs ist, den Standpunkt des anderen zu verstehen.
Henry Ford

Wissen beginnt ... mit der Erkenntnis der Unzuverlässigkeit der Wahrnehmungen, ... mit der Zerstörung von Täuschungen, mit der „Enttäuschung".
Erich Fromm

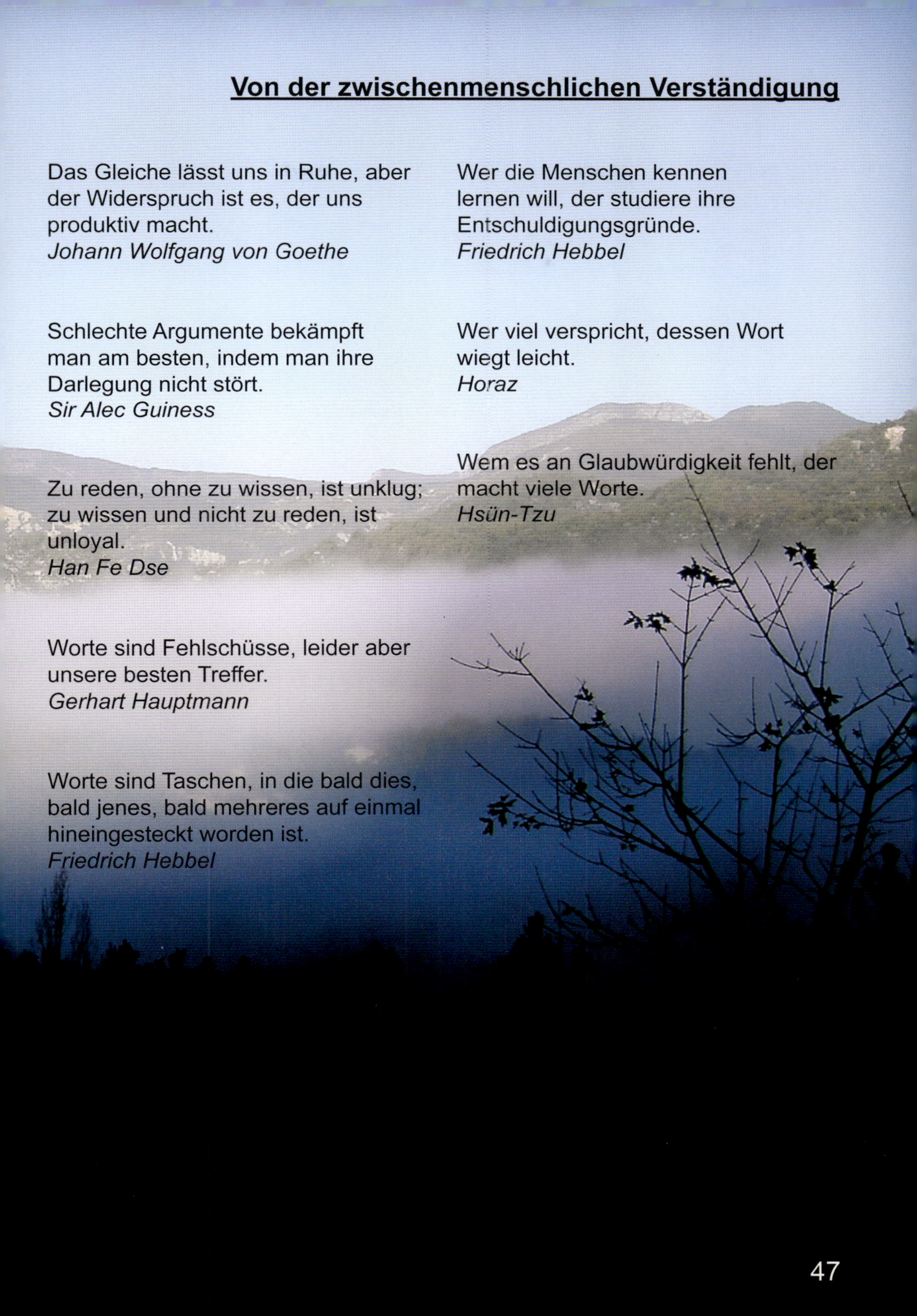

Von der zwischenmenschlichen Verständigung

Das Gleiche lässt uns in Ruhe, aber der Widerspruch ist es, der uns produktiv macht.
Johann Wolfgang von Goethe

Schlechte Argumente bekämpft man am besten, indem man ihre Darlegung nicht stört.
Sir Alec Guiness

Zu reden, ohne zu wissen, ist unklug; zu wissen und nicht zu reden, ist unloyal.
Han Fe Dse

Worte sind Fehlschüsse, leider aber unsere besten Treffer.
Gerhart Hauptmann

Worte sind Taschen, in die bald dies, bald jenes, bald mehreres auf einmal hineingesteckt worden ist.
Friedrich Hebbel

Wer die Menschen kennen lernen will, der studiere ihre Entschuldigungsgründe.
Friedrich Hebbel

Wer viel verspricht, dessen Wort wiegt leicht.
Horaz

Wem es an Glaubwürdigkeit fehlt, der macht viele Worte.
Hsün-Tzu

Von der zwischenmenschlichen Verständigung

Nicht Sieg sollte der Zweck der Diskussion sein, sondern Gewinn.
Joseph Joubert

Die Sprache ist die Quelle der Missverständnisse.
Joseph Joubert

Die Grenze der Autorität liegt dort, wo freiwillige Zustimmung aufhört.
Bertrand de Juvenel

Nur wer wesentlich schweigen kann, kann wesentlich reden.
Sören Kierkegaard

Die Menschen haben, wie es scheint, die Sprache nicht empfangen, um die Gedanken zu verbergen, sondern um zu verbergen, dass sie keine Gedanken haben.
Sören Kierkegaard

Kein Ton ist so leise, dass er nicht vernommen würde, und kein Tun so heimlich, dass es nicht offenbar würde.
Konfuzius

Lässt sich mit einem reden und man redet nicht mit ihm, so hat man einen Menschen verloren. Lässt sich mit einem nicht reden und man redet doch mit ihm, so hat man seine Worte verloren. Der Weise verliert weder einen Menschen noch verliert er seine Worte.
Konfuzius

Wer sich nicht auf gute Form und Sitte versteht, kann keinen Halt haben. Wer sich nicht auf den Wert der Worte versteht, kann die Menschen nicht kennen.
Konfuzius

Von der zwischenmenschlichen Verständigung

Der edle Mensch erhebt nicht Menschen wegen ihrer Worte noch verwirft er Worte wegen Menschen.
Konfuzius

Wer in seinen Worten nicht maßvoll und zurückhaltend ist, von dem ist schwerlich zu erwarten, dass er seine Worte auch ausführt.
Konfuzius

Glatte Worte und schmeichelnde Mienen vereinen sich selten mit einem anständigen Charakter.
Konfuzius

Wer Geist hat, hat sicher auch das rechte Wort, aber wer Worte hat, hat darum noch nicht notwendig Geist.
Konfuzius

Wenn die Begriffe sich verwirren, ist die Welt in Unordnung.
Konfuzius

Durch Schweigen belehren, mit Ungeschäftigkeit wirken, wie wenig Menschen erreichen das!
Laotse

Je leichter es ist, etwas zu versprechen, umso schwerer ist es dann zu halten.
Laotse

Wer wahre Worte spricht, der braucht nicht zu argumentieren; wer argumentieren muss, der spricht keine wahren Worte.
Laotse

Von der zwischenmenschlichen Verständigung

Es genügt nicht, dass man zur Sache spricht; man muss zu den Menschen sprechen.
Stanislaw Jerzy Lec

Das Wort, das schon dem Mund entschlüpft, holt auch ein Viergespann nicht ein.
Lju Hsjang

Wir würden viel weniger Streit in der Welt haben, nähme man die Worte für das, was sie sind – lediglich die Zeichen unserer Ideen und nicht die Dinge selbst.
John Locke

Es hat keinen Wert, über Dinge zu reden, wenn man nicht auch beabsichtigt, dem Reden die Tat folgen zu lassen.
Lu Chiu-Yüan

Es ist leichter, eine Lüge zu glauben, die man hundertmal gehört hat, als eine Wahrheit, die man noch nie gehört hat.
Robert Lynd

Am Aussehen, an Gebärden und am Gang, an den Bewegungen und an den Reden, am Spiel der Augen erkennt man die Gesinnung eines Menschen.
Manu

Dummheit ist keine Schande. Hauptsache, man hält den Mund dabei.
Werner Mitsch

Jedem kann es passieren, dass er mal Unsinn redet; schlimm wird es erst, wenn er es feierlich tut.
Michael de Montaigne

Was den Rednern an Tiefe fehlt, geben sie an Weitschweifigkeit.
Baron de Montesquieu

Genau betrachtet, ist alles Gespräch nur Selbstgespräch.
Christian Morgenstern

Man lügt wohl mit dem Munde, aber mit dem Maule, das man dabei macht, sagt man doch noch die Wahrheit.
Friedrich Nietzsche

<u>**Von der zwischenmenschlichen Verständigung**</u>

Gar nicht von sich reden, ist eine sehr vornehme Heuchelei.
Friedrich Nietzsche

Ein Mittel, um schnell verachtet zu werden, ist schnell und viel sprechen.
Friedrich Nietzsche

Mit einer sehr lauten Stimme im Halse ist man fast außerstande, feine Sachen zu denken.
Friedrich Nietzsche

Den Stil verbessern, das heißt den Gedanken verbessern.
Friedrich Nietzsche

Das Verständliche an der Sprache ist nicht das Wort selber, sondern Ton, Stärke, Modulation, Tempo, mit denen eine Reihe von Worten gesprochen wird – kurz die Musik hinter den Worten, die Leidenschaft hinter dieser Musik, die Person hinter dieser Leidenschaft: alles das also, was nicht geschrieben werden kann.
Friedrich Nietzsche

Das Wort ist nur ein Zeichen für den Gedanken.
Friedrich Nietzsche

Die Leute wünschen nicht, dass man zu ihnen redet. Sie wünschen, dass man mit ihnen redet.
Emil Oesch

Von der zwischenmenschlichen Verständigung

Ein Vakuum, geschaffen durch fehlende Kommunikation, füllst sich in kürzester Zeit mit falscher Darstellung, Gerüchten, Geschwätz und Gift.
Cyril Parkinson

Bemerke, höre, schweige. Urteile wenig, frage viel.
Graf von Platen

Die Wahrheit liegt nicht in den Worten, sondern zwischen ihnen.
Platon

Schweigen ist die ärgste oder die bescheidenste Form der Kritik.
Pierre Reverdy

Die Sprache ist äußeres Denken, das Denken innere Sprache.
Antoine de Rivarol

Wir können denen verzeihen, die uns langweilen, nicht aber denen, die sich von uns gelangweilt fühlen.
François de La Rochefoucauld

Das Vertrauen gibt dem Gespräch mehr Stoff als Geist.
François de La Rochefoucauld

Der Hang, von uns selbst zu sprechen und unsere Fehler in einem Licht zu zeigen, das wir für wünschenswert halten, macht einen Teil unserer Offenherzigkeit aus.
François de La Rochefoucauld

Verhandeln ist nicht die schlechteste Form des Handelns.
William Rogers

Eine Diskussion ist unmöglich mit jemandem, der vorgibt, die Wahrheit nicht zu suchen, sondern schon zu besitzen.
Romain Rolland

Vergiss nicht, dass dein Satz eine Tat ist.
Antoine de Saint-Exupéry

Wenn du die Menschen verstehen willst, darfst du nicht auf ihre Reden hören.
Antoine de Saint-Exupéry

Zu den Aufdringlichsten gehört ein Mensch, der sich rechtfertigt.
Richard Schaukal

Von der zwischenmenschlichen Verständigung

Man muss denken wie die wenigsten und reden wie die meisten.
Arthur Schopenhauer

Viele Worte zu machen, um wenige Worte mitzuteilen, ist überall das untrügliche Zeichen von Mittelmäßigkeit.
Arthur Schopenhauer

Um die Wahrheit zu erfahren, muss man den Menschen widersprechen.
George Bernard Shaw

Von daher rühren auch die meisten Streitigkeiten, indem die Menschen ihre Gedanken nicht richtig darstellen oder die Gedanken des andern falsch deuten.
Baruch de Spinoza

Mit wem man nicht schweigen kann, mit dem soll man auch nicht reden.
Georg Stammler

Es ist keineswegs so, dass jeder Frage eine Antwort gebührt.
Publilius Syrus

Sehr oft sind die Worte des Menschen gar keine Sprache, sondern nur die Lautgebärde eines Stummen. Sie können seine Gedanken wohl andeuten, aber sie drücken sie nicht aus.
Rabindranath Tagore

Wir mögen Menschen, die frisch heraus sagen, was sie denken – falls sie dasselbe denken wie wir.
Mark Twain

Die meisten Menschen können sich in der Gesellschaft nur auf Kosten anderer unterhalten.
Luc de Clapier Vauvenargues

Das Falsche, kunstvoll dargestellt, überrascht und verblüfft, aber das Wahre überzeugt und herrscht.
Luc de Clapier Vauvenargues

Das Geheimnis der Langeweile ist, alles sagen zu wollen.
Voltaire

Interessante Selbstgespräche setzen einen klugen Partner voraus.
Herbert G. Wells

Von Geduld und Gelassenheit sowie vom Maß halten

Man braucht nicht immer denselben Standpunkt zu vertreten, denn niemand kann einen daran hindern, klüger zu werden.
Konrad Adenauer

Merke dir vor allem zwei Wahrheiten: erstens, dass die Außenwelt deine Seele nicht berühren kann, sondern immer unbeweglich draußen steht, also Störungen deines inneren Friedens nur aus deiner Einbildung entstehen; und zweitens, dass alles, was du siehst, sich schnell verändert und nicht mehr sein wird. Und wie vieler Veränderungen Augenzeuge bist du nicht selbst schon gewesen! Die Welt ist ein ewiger Wechsel, das Leben ein Wahn!
Marc Aurel

Wie viel Muße gewinnt der, der nicht auf seines Nächsten Reden, Tun und Denken sieht, sondern sich nur darum kümmert, ob seine eigenen Handlungen gerecht, fromm und gut sind.
Marc Aurel

Geduld ist der Mut der Gelassenen.
Friedl Beutelrock

Lass ihn im Galoppe tollen, reite ruhig deinen Trab! Ein zu ungestümes Wollen wirft von selbst den Reiter ab.
Wilhelm Busch

Der Realist ist ein Mann, der den richtigen Abstand zu seinen Idealen hat.
Truman Capote

Es ist ein Grundirrtum, Heftigkeit und Starrheit Stärke zu heißen.
Thomas Carlyle

Wir wollen also den einzigen Gedanken, den Vernunft und Tugend uns vorschreibt, festhalten, dass wir uns in der Welt für nichts verantwortlich glauben als für unsere eigene Verschuldung, und wo keine an uns ist, jedes menschliche Los mit Ruhe und Gelassenheit ertragen.
Cicero

Tu deine Pflicht und überlasse den Rest dem Himmel.
Pierre Corneille

Es verrät kleinlichen Sinn, wenn einer immer gleich beleidigt ist.
Demokrit

Hohen Sinn bekundet es, Taktlosigkeiten gelassen zu ertragen.
Demokrit

Von Geduld und Gelassenheit sowie vom Maß halten

Gelassen ist, wer sein kleines Ich gelassen hat. Der Gelassene nimmt nichts mehr persönlich. Was den Ungereiften „umwirft“, ein schwerer Verlust, eine Enttäuschung, eine grobe Ungerechtigkeit, wird ihm zum Anstoß weiterer Verinnerlichung. Echtes Reifen kommt niemals zu Ende. Darum ist das Zeichen des Reifens die immer wache Bereitschaft zu immer neuer Verwandlung. Das zweite Zeichen innerer Reife ist eine unbeirrbare Heiterkeit der Seele. Der seelisch Unreife ist niemals zufrieden ... Der seelisch Gereifte hadert nicht mit dem Leben, denn er entdeckt auch im Unsinn den tieferen Sinn. Das dritte Zeichen seelischer Reife aber ist eine unbeirrbare Güte ... Im Gereiften lebt die Einheit der Wesen im Sein. Und so ist seine liebende Zuwendung nicht abhängig von Bestätigung oder Sympathie.
Karlfried von Dürckheim

Die Gelassenheit ist eine anmutige Form des Selbstbewusstseins.
Marie von Ebner-Eschenbach

Die Willenskraft der Schwachen heißt Eigensinn.
Marie von Ebner-Eschenbach

So weit deine Selbstbeherrschung geht, so weit geht deine Freiheit.
Marie von Ebner-Eschenbach

Alles sollte so einfach wie möglich gemacht werden, aber nicht einfacher.
Albert Einstein

Tust du etwas in der Überzeugung, dass du es tun musst, so schäme dich nicht, dabei gesehen zu werden, und kümmere dich nicht um das Urteil der anderen. Ist dein Tun unrecht, so wirst du es selbst unterlassen; handelst du recht, so brauchst du ungerechten Tadel nicht zu fürchten.
Epiktet

Aus Angst, mit Wenigem auskommen zu müssen, lässt sich der Durchschnittsmensch zu Taten hinreißen, die seine Angst erst recht vermehren.
Epikur

Das gerechte Leben ist von Unruhe am freiesten. Das ungerechte aber ist voll von jeglicher Unruhe.
Epikur

Von Geduld und Gelassenheit sowie vom Maß halten

Leicht zu leben ohne Leichtsinn,
heiter zu sein ohne Ausgelassenheit,
Mut zu haben ohne Übermut,
Vertrauen und freudige Ergebung zu
zeigen ohne tückischen Fatalismus
– das ist die Kunst des Lebens.
Theodor Fontane

Geduld ist Kraft in der höchsten
Potenz.
Gertrud von Le Fort

Vor allem werden Sie nicht
ungeduldig. Es ist nichts verloren und
Umstände können das verbessern,
was die Menschen verdorben haben.
August Neithardt von Gneisenau

Man kann die Erfahrung nicht früh
genug machen, wie entbehrlich man
in der Welt ist.
Johann Wolfgang von Goethe

Das Beste ist die tiefe Stille, in der ich
gegen die Welt lebe und wachse und
gewinne, was sie mir mit Feuer und
Schwert nicht nehmen können.
Johann Wolfgang von Goethe

Wollt ihr Dinge vor Brand bewahren,
die glimmend sind, so bitt' ich euch
vor allem: Macht keinen Wind.
Franz Grillparzer

Die Ruhe ist für das Werk, was die
stille Erde für die Pflanzen ist. Sie gibt
Kraft und Fülle und Dauer. Sie ist die
Seele des Schaffens, macht es reich
und fruchtbar.
Romano Guardini

Wer etwas Großes will, der muss sich
zu beschränken wissen; wer dagegen
alles will, der will in der Tat nichts und
bringt es zu nichts.
Georg Wilhelm Friedrich Hegel

Wir sind umso stärker, je mehr wir
das Leben anerkennen, je mehr wir
im Innersten mit dem einig sind, was
uns von außen geschieht.
Hermann Hesse

Wenn wir einen Menschen hassen,
so hassen wir in seinem Bild etwas,
was in uns selbst sitzt. Was nicht in
uns selbst ist, das regt uns nicht auf.
Hermann Hesse

Von Geduld und Gelassenheit sowie vom Maß halten

Das Ziel der Weisheit ist, dass man den Dingen nur so viel Macht über sich einräumt, als man selbst es will, und dass man sein Schicksal nicht mehr von außen empfängt, sondern es nimmt, als Atemzug aus dem eigenen Interesse.
Hermann Hesse

Ich glaube, dass die Ungeduld, womit man seinem Zwecke zueilt, die Klippe ist, woran gerade oft die besten Menschen scheitern.
Friedrich Hölderlin

In schweren Zeiten wisse den Gleichmut dir zu wahren, wisse aber in guten auch der Freude Übermaß zu zügeln.
Horaz

Wer dem äußeren Erfolg zu großen Wert beimaß, den wird ein Umschwung aus der Fassung bringen.
Horaz

Das Erste und Wichtigste im Leben ist, dass man sich selbst zu beherrschen sucht.
Alexander von Humboldt

Die Kunst der Weisheit besteht darin, zu wissen, was man übersehen muss.
William James

Reich ist man nicht durch das, was man besitzt, sondern durch das, was man mit Würde zu entbehren weiß, und es könnte sein, dass die Menschheit reicher würde, indem sie ärmer wird, und gewinnt, indem sie verliert.
Immanuel Kant

Die wahre Kunst ist eine Kunst des Weglassens. Nur Pseudo-Künstler tragen unter allen Umständen dick auf.
Oskar Kokoschka

Ein Mann, der um Tonscherben spielt, wird gut spielen. Wenn er eine Erzspange einsetzt, wird er unruhig sein. Wenn er Gold einsetzt, wird er verwirrt sein. Sein Geschick ist in jedem Fall das gleiche, aber er ist vom Wert seines Einsatzes aufgerührt. Und wer dem Äußeren Gewicht gibt, wird im Innern hilflos.
Konfuzius

Von Geduld und Gelassenheit sowie vom Maß halten

Die menschlichen Vorurteile sind wie jene bissigen Hunde, die nur den Furchtsamen angreifen.
Isolde Kurz

Den Frieden gewinnt man durch Sich bescheiden, den Streit gewinnt man durch Sich beherrschen.
Laotse

Der Edle lässt das Allzusehr, das Zuviel, das Zugroß.
Laotse

Der Vollendete strebt nicht nach Größe; das Große erfüllt ihn.
Laotse

Das Übergewicht der Neigungen entschuldigt den Menschen nicht, dass er nicht Herr seiner selbst ist. Er soll seine Kraft gebrauchen lernen, die in der Vernunft besteht.
Gottfried Wilhelm von Leibnitz

Ruhe und Ruhm sind Dinge, die nicht zusammen wohnen.
Georg Christoph Lichtenberg

Schicksal ist das, was so ist, wie es ist, ohne dass man sagen könnte, warum, und das, woran alle Klugheit und alles Kalkül menschlicher Handlungen nichts ändern kann. Darum ist das Schicksal etwas, das man nicht dadurch gewinnt, dass man ihm nachläuft, das man aber auch nicht dadurch vermeiden kann, dass man ihm zu entfliehen versucht.
Lü Bu We

Wer sich schämt, etwas nicht zu können, und sich ärgert, etwas nicht zu wissen, der kommt in Verlegenheit. Wer sich aber nicht schämt, etwas nicht zu können, und sich nicht ärgert, etwas nicht zu wissen, der kommt voran.
Lü Bu We

Plane – und du wirst irren. Je genauer man plant, desto härter trifft der Zufall. Je weniger man plant, desto leichter hat es der Zufall. Je mehr der Zufall trifft, desto nötiger ist der Plan. Plane nicht – und du wirst nicht wissen, ob du geirrt hast.
Franz Luwein

Von Geduld und Gelassenheit sowie vom Maß halten

Es ist gut, das Schicksal mit heiter bewundernder Ruhe anzuschauen, das eigene auch.
Thomas Mann

Der Weise ist auf alle Ereignisse vorbereitet.
Molière

Die Einsicht in das Mögliche und Unmögliche ist es, die den Helden vom Abenteurer unterscheidet.
Theodor Mommsen

Alle Worte des Lästerns und aller Grimm der Feindschaft wider den Echten und Schweigsamen sind wie Steine, die gegen ihn geworfen werden, und er baut aus ihnen sein Haus.
Ben Ssimcha Nachman

Geduld ist zweierlei: ruhige Ertragung des Mangels, ruhige Ertragung des Übermaßes. Die echte Geduld zeugt von großer Elastizität.
Novalis

Gott gebe mir die Gelassenheit, Dinge hinzunehmen, die ich nicht ändern kann, den Mut, Dinge zu ändern, die ich ändern kann, und die Weisheit, das eine vom anderen zu unterscheiden.
Friedrich O. Oetinger

Die Geduld des Erziehers kann zwei verschiedenen Quellen entspringen. Jemand kann aus Angst geduldig sein: Durch seine Geduld möchte er Konfrontationen aus dem Weg gehen ... Jemand anderem ist Geduld aber auch aus Einsicht möglich: Man ist geduldig, man verzichtet auf Kritik, gleich welcher Form. Man weiß, dass der Partner seine Zeit braucht, dass er in seinem Entwicklungsstand und seiner Individualität vielleicht andere Vorstellungen hat, dass man die affektbesetzten Missverständnisse einkalkulieren muss.
Nossrat Peseschkian

Von Geduld und Gelassenheit sowie vom Maß halten

In der Tat ist es für unsere Gemütsruhe außerordentlich wichtig, dass man vor allem auf sich selbst das Auge richtet und auf das uns Angemessene, andernfalls aber mehr auf die blickt, die schlimmer dran sind als wir, und nicht, wie es meistens der Fall ist, auf die über uns Stehenden.
Plutarch

Stets hielt auch ich die Gelassenheit für eines der höchsten Güter, welche der Mensch auf dieser Erde erringen kann; aber die Gelassenheit unter allen Umständen, die Gelassenheit jedem Wesen und Dinge gegenüber, die Gelassenheit in jeder Lage, sei sie bequem oder unbequem, drohend oder lächelnd, gut oder böse. Ich habe mir viel Mühe gegeben, diese schwere Kunst der Gelassenheit zu lernen. Ich habe Gelegenheit gehabt, sie in tausend und abertausend Verhältnissen zu erproben, und es hat lange gedauert, ehe ich nur verhältnismäßig als Sieger in dieser Beziehung aus Konflikten, welche jeder neue Morgen bringt, hervorging. Wenn die Selbstüberwindung das Höchste ist, was der Mensch in ethischer Beziehung erreichen kann, so ist die Gelassenheit, die absolute Gelassenheit, eine sehr hohe Stufe der Leiter, von welcher der Mensch auf das Weltgewirr hinabsieht.
Wilhelm Raabe

Der wirklich freie Mann ist der, der eine Einladung zum Essen ausschlagen kann, ohne dafür einen Vorwand angeben zu müssen.
Jules Renard

Wenn nichts mehr zu helfen scheint, schaue ich einem Steinmetz zu, der vielleicht hundertmal auf seinen Stein einhämmert, ohne dass sich auch nur der geringste Spalt zeigt; doch beim einhundertundeinsten Schlag wird er entzweibrechen, und ich weiß, dass es nicht dieser Schlag war, der es vollbracht hat – sondern alle Schläge zusammen.
Jacob Rijs

Frei ist, wer, obwohl gezwungen, tut, was er nötig hat, wie ein Diener dienen muss, um leben zu können. Sklave ist, wer sich zwingen lässt, zu tun, was er nicht nötig hätte.
Antoine Rivarol

Wenn man seine Ruhe nicht in sich findet, ist es zwecklos, sie andernorts zu suchen.
François de La Rochefoucauld

Das sicherste Mittel, getäuscht zu werden, ist, sich für schlauer zu halten als die anderen.
François de La Rochefoucauld

Von Geduld und Gelassenheit sowie vom Maß halten

Wenn du erkennen willst den Ruhm in seiner Blöße, vergleich am Himmel ihn mit Sternen erster Größe! Die letzter Größe, sind sie etwa minder groß? Sie scheinen kleiner dir durch ihre Höhe bloß. Drum lächle, rückt man dich zum letzten Range nieder, und rückt man dich empor zum ersten, lächle wieder!
Friedrich Rückert

Sonnenschein ist köstlich, Regen erfrischend, Wind fordert heraus, Schnee macht fröhlich; im Grunde gibt es kein schlechtes Wetter, nur verschiedene Arten von gutem Wetter.
John Ruskin

Von Geduld und Gelassenheit sowie vom Maß halten

Wer nur um Gewinn kämpft, erntet nichts, wofür es sich lohnt zu leben.
Antoine de Saint-Exupéry

Bewahre mich vor der Angst, ich könnte das Leben versäumen. Gib mir nichts, was ich mir wünsche, sondern was ich brauche. Lehre mich die Kunst der kleinen Schritte.
Antoine de Saint-Exupéry

Wenn du Erfolg haben willst, begrenze dich.
Charles Augustin Sainte-Beuve

Wahrem Eifer genügt, dass das Vorhandene vollkommen sei; der falsche will stets, dass das Vollkommene sei.
Friedrich von Schiller

Leidenschaften misshandeln die Lebenskraft.
Friedrich von Schiller

Aller Eigensinn beruht darauf, dass der Wille sich an die Stelle der Erkenntnis gesetzt hat.
Arthur Schopenhauer

Unglücklich ist die Seele, die des Zukünftigen wegen ängstlich ist, und elend ist schon vor dem Elend, wer in Sorgen schwebt, ob das, woran er sich erfreut, ihm auch bis ans Ende verbleiben werde. Denn zu keiner Zeit wird er Ruhe haben und über der Erwartung des Kommenden auch das Gegenwärtige, das er genießen konnte, verlieren. Gleich aber stehen der Verlust einer Sache und die Furcht, sie zu verlieren.
Seneca

Lass den Schwung deines Geistes nicht ermatten und erkalten. Aber zügle und diszipliniere ihn, dass zur geistigen Haltung wird, was jetzt nur begeisterter Aufschwung ist.
Seneca

Von Geduld und Gelassenheit sowie vom Maß halten

Der Zwerg wird nicht größer, auch wenn er sich auf einen Berg stellt.
Seneca

Jener Tätigkeitsdrang, der am Getümmel seine Freude hat, ist eigentlich keiner, sondern die Betriebsamkeit eines gehetzten Geistes. Und andererseits ist das keine Ruhe, die jede Bewegung als Zumutung empfindet, sondern Kraftlosigkeit und Mangel an Energie.
Seneca

Wem das Geschick nimmt, was es einst ihm bot, macht seine Kränkung durch Geduld zum Spott. Den Dieb bestiehlt, wer zu dem Raube lacht; sich selbst beraubt, wer eitlen Gram sich macht.
William Shakespeare

Wir sollten viel mehr bei Problemen gelassen uns dazu bequemen, sie wichtig – doch nicht ernst zu nehmen.
Karl-Heinz Söhler

Maßnahme heißt „Maß nehmen“: das Angemessene tun, um ein bestimmtes Ziel zu erreichen. Die maßvolle Forderung fördert die Kräfte. Möglichst viel, möglichst schnell und das sofort führt in den Verschleiß. Das Perfekte ist der Feind des Guten.
Peter Stahl

Eine selbstbewusste Gesellschaft kann viele Narren ertragen.
John Steinbeck

Die Kunst des Ausruhens ist ein Teil der Kunst des Arbeitens.
John Steinbeck

Nicht wer Grundsätze weiß, wird uns helfen, sondern wer Maße kennt.
Ludwig Strauß

Wer sich im Sieg besiegen kann, siegt zweimal.
Publilius Syrus

Von Geduld und Gelassenheit sowie vom Maß halten

Grundsätze sind die herrschsüchtigsten aller Tyrannen, wenn man sie gewähren lässt.
Charles Maurice Talleyrand

So kommt das Auge durch Scharfsichtigkeit in Gefahr, das Ohr kommt durch Feinhörigkeit in Gefahr, die Seele kommt durch Begierden in Gefahr. Jede Fähigkeit kommt dadurch in Gefahr, dass man sie zu übertreiben sucht.
Tschuang-tse

Muße ist das Kunststück, sich selbst ein angenehmer Gesellschafter zu sein.
Karl Heinrich Waggerl

Was einem genommen wird, dem soll man n cht nachweinen, das ist verloren für immer. Nur was man gibt, bekommt man mitunter zurück.
Karl Heinrich Waggerl

Erfahrung heißt reich werden durch Verlieren.
Ernst von Wildenbruch

Der Gelassene nützt seine Chance besser als der Getriebene.
Thornton Wilder

Von Konflikten und Kompromissen

Gewöhne dich, wenn möglich bei allem, was einer tut, bei dir ausfindig zu machen: Worauf zielt dieser Mann mit dieser Tat? Fang mit dir an und prüfe dich selbst.
Marc Aurel

Kompromiss: der Ausgleich widerstreitender Interessen, wobei jeder die Genugtuung hat, zu meinen, er erhalte, was er eigentlich nicht haben dürfte, und ihm sei nur das vorenthalten, was ihm rechtens zukäme.
Ambrose Bierce

Wie oft trennt uns das Wort, anstatt uns zu verbinden.
Jakob Burckhardt

Ob du andere reformieren kannst, ist unsicher, ein Mensch aber lebt, den du sicher reformieren kannst – und das bist du selbst.
Thomas Carlyle

Ein Weg entsteht, indem man ihn geht.
Chuang-Tzu

Mitten im Zorn noch Herr seiner Leidenschaft und seiner Zunge zu bleiben und in der heftigsten Gemütsbewegung den Ausbruch derselben zurückzuhalten und zu schweigen, zeugt, wenn auch nicht von vollkommener Weisheit, wenigstens von mehr als gemeiner Geistesstärke.
Cicero

Von Konflikten und Kompromissen

Das Wichtigste im Leben ist nicht der Triumph, es ist der Kampf; das Wesentliche ist nicht, „gesiegt“, sondern sich wacker geschlagen zu haben. Diese Regel weit verbreiten heißt, die Menschheit tapferer und stärker – und dennoch edelmütiger und feinfühliger zu machen.
Pierre de Coubertin

Wir verlangen sehr oft nur deshalb Tugenden von anderen, damit unsere Fehler sich bequemer breit machen können.
Marie von Ebner-Eschenbach

Das Verständnis reicht oft viel weiter als der Verstand.
Marie von Ebner-Eschenbach

Alles Wissen geht aus einem Zweifel hervor und endigt in einem Glauben.
Marie von Ebner-Eschenbach

Sagt jemand zu dir: Der oder jener hat dir Übles nachgeredet, so rechtfertige dich nicht erst lange, sondern antworte: Er kennt eben meine anderen Fehler nicht, sonst hätte er wohl noch mehr gesagt.
Epiktet

Wer Furcht verbreitet, ist selbst nicht ohne Furcht.
Epikur

Ein Kompromiss, das ist die Kunst, einen Kuchen so zu teilen, dass jeder meint, er habe das größte Stück bekommen.
Ludwig Erhard

Wichtig ist zu lernen, alle Dinge ruhig zu nehmen.
Michael Faraday

Liebe deine Feinde, sie sagen dir deine Fehler.
Benjamin Franklin

Die Zunge stiftet manchen Streit,
entzündet heft'gen Hass und Neid.
Was wir Übles je vernommen, ist von der Zunge meist gekommen.
Freidank

Man sollte die
Wahrheit dem
anderen wie
einen Mantel
hinhalten, dass
er hineinschlüpfen
kann – nicht wie
ein nasses Tuch
um den Kopf schlagen.
Max Frisch

Ein jeder Kampf dreht sich um
unterschiedliche Blickwinkel,
die allesamt dieselbe Wahrheit
beleuchten.
Mahatma Gandhi

Toren und gescheite Leute sind gleich
unschädlich. Nur die Halbnarren
und Halbweisen, das sind die
Gefährlichsten.
Johann Wolfgang von Goethe

Von Konflikten und Kompromissen

Man muss den Ernst der Gegner
durch Gelächter zunichte machen,
ihr Gelächter durch Ernst.
Gorgias

Kompromiss – die einzigen zwei
Halbheiten, die nicht ein Ganzes
ergeben. Mathematisch unmöglich,
aber demokratisch.
Oliver Hassencamp

Unbeteiligtsein führt dazu, der
Dinge wahres Wesen zu erfassen;
Ruhigsein – dem Fluss des Bewegten
die rechte Richtung zu geben.
Han Fe Dse

Die Kraft irgendeines Dinges und
so auch die Kraft einer Seele, eines
Irrtums, eines Wahnes entwickelt sich
an seinem Widerstand.
Gerhart Hauptmann

Von Konflikten und Kompromissen

Eigensinn ist das wohlfeilste Surrogat für den Charakter.
Johann Peter Hebbel

Diejenigen Berge, über die man im Leben am schwersten hinwegkommt, häufen sich immer aus Sandkörnchen auf.
Johann Peter Hebbel

Es gehört manchmal mehr Mut dazu, seine Meinung zu ändern, als ihr treu zu bleiben.
Johann Peter Hebbel

Es gibt Leute, die nur aus dem Grunde in jeder Suppe ein Haar finden, weil sie, wenn sie davor sitzen, so lange den Kopf schütteln, bis eins hineinfällt.
Johann Peter Hebbel

An kleinen Dingen muss man sich nicht stoßen, wenn man zu großen auf dem Weg ist.
Johann Peter Hebbel

Nur im Widerstreit gegensätzlicher Meinungen wird die Wahrheit entdeckt.
Helvétius

In einer Sache schweigen, über die alles klatscht, ist schon etwas. Über Menschen und Einrichtungen ohne Feindschaft lächeln, das Minus an Liebe in der Welt durch ein kleines Plus an Liebe im Kleinen und Privaten bekämpfen: durch vermehrte Treue in der Arbeit, durch größere Geduld, durch Verzicht auf manche billige Rache des Spotts und der Kritik: Das sind allerlei kleine Wege, die man gehen kann.
Hermann Hesse

Ein Gott ist der Mensch, wenn er träumt, ein Bettler, wenn er nachdenkt.
Friedrich Hölderlin

Wer für die eigenen Schwächen Nachsicht fordert, muss auch Nachsicht üben.
Horaz

Zwei Dinge gibt es, die wichtig sind auf der Welt: das Richtige in dem zu erkennen, was die Menschen für falsch halten, und das Falsche in dem zu erkennen, was sie für richtig halten.
Hsün-Tzu

Man muss den Punkt kennen, bis zu dem man zurückweichen darf.
Ernst Jünger

Von Konflikten und Kompromissen

Was ist die Höflichkeit? Ein stillschweigendes Übereinkommen zweier Menschen, demzufolge jeder seine Eitelkeit zugunsten derer des anderen verschleiert.
Jean Baptiste Karr

Ich hasse Leute, die die Ergebnisse ihrer plumpen Neugier für Weisheit halten, und hasse Leute, die Unverschämtheit für Mut halten, und hasse Leute, die Taktlosigkeit für Gradheit halten.
Konfuzius

Wenn über das Grundsätzliche keine Einigkeit besteht, ist es sinnlos, miteinander Pläne zu machen.
Konfuzius

Mit Menschen, die nach anderen Zielen streben, kann man nicht gemeinsam Pläne machen.
Konfuzius

Die Menschen können den Weg der Wahrheit verherrlichen. Nicht aber verherrlicht die Wahrheit die Menschen.
Konfuzius

Wenn du dein Sinnen und Trachten ernsthaft auf Menschlichkeit richtest, so wird das Böse allmählich von selbst überwunden.
Konfuzius

Wer selbst sich Schweres auferlegt, doch Leichtes nur von anderen verlangt, bleibt allem Vorwurf fern.
Konfuzius

Menschlichkeit bedeutet, den Menschen zu lieben.
Konfuzius

Von Konflikten und Kompromissen

Was die Menge hasst, musst du prüfen! Was die Menge liebt, musst du prüfen!
Konfuzius

Nur die Allerdümmsten und die Allerklügsten ändern sich nie.
Konfuzius

Der Menschen Fehler entsprechen jeweils der Gemeinschaft, der sie angehören. Aus der Betrachtung ihrer Fehler wird ihre Menschlichkeit erkennbar.
Konfuzius

Wer das Morgen nicht bedenkt, wird Kummer haben, bevor das Heute zu Ende ist.
Konfuzius

Haarspalterei zersetzt den Charakter eines Menschen. Ein Mensch, der in kleinen Dingen nicht großzügig sein kann, dem kann man keine wichtigen Aufgaben anvertrauen.
Konfuzius

Von Konflikten und Kompromissen

Wenn einen die Menschen nicht kennen, ist das kein Grund, bekümmert zu sein: Bekümmern sollte vielmehr fehlende Menschenkenntnis.
Konfuzius

Wer nicht streitet, mit dem kann niemand in der Welt streiten.
Laotse

Der Gute siegt und damit genug;
siegt und triumphiert nicht; er siegt
und kann's nicht vermeiden; siegt
und vergewaltigt nicht.
Laotse

Dialektik ist die Kunst zu gewinnen, ohne zu siegen.
Rupert Lay

Zum Ergreifen der Wahrheit braucht es ein viel höheres Organ als zur Verteidigung des Irrtums.
Georg Christoph Lichtenberg

Ist eine Sache einmal verdorben, so nützt es nichts mehr, im Nachhinein mit „Liebe" und „Pflicht" herumzufuchteln.
Lieh-Tzu

Der Mensch sollte nicht ohne Scham sein. Scham über schamloses Betragen ist der sicherste Weg, Beschämendem zu entgehen.
Meng Dse

Menschlichkeit ist Menschenart. Menschlichkeit ist der Weg des Menschen.
Mong Dsi

Es gibt Menschen, die sich immer angegriffen wähnen, wenn jemand eine Meinung ausspricht.
Christian Morgenstern

Wer andere Menschen liebt, der wird auch von anderen geliebt. Wer andere Menschen hasst, der wird auch von anderen gehasst.
Mo Ti

Von Konflikten und Kompromissen

Es gibt so viele Meinungen, wie es Menschen gibt.
Mo Ti

In manchen Bündnissen klopfen die Partner einander so lange auf die Schultern, bis es weh tut.
Malcom Muggeridge

In Wahrheit streiten sich die Menschen nicht über Dinge – die sind, wie sie sind –, sondern über die Meinungen, die sie von den Dingen haben.
Robert Muthmann

Nicht diejenigen, die nicht mit dir übereinstimmen, musst du fürchten, sondern diejenigen, die nicht mit dir übereinstimmen und die zu feige sind, es dich wissen zu lassen.
Napoleon I.

Konvention heißt Übereinkommen in Worten und Handlungen ohne Übereinkommen des Gefühls.
Friedrich Nietzsche

Je größer ein Mensch, je versöhnlicher ist er im Zorne; und ein edles Gemüt fühlt sich zur Güte geneigt.
Ovid

Nicht die Partnerschaft ist gut zu nennen, in der es dem Anschein nach keine Probleme gibt, sondern die, in der die Bereitschaft besteht, auftretende Probleme gemeinsam durchzuarbeiten.
Nossrat Peseschkian

Der Wert von Menschen und Diamanten lässt sich erst schätzen, wenn man sie aus der Fassung bringt.
Nossrat Peseschkian

Von Konflikten und Kompromissen

Ein Vorurteil ist ein unzeitgemäßes Urteil, das zumeist stark mit Gefühlen besetzt ist. Auf Vorurteilen basieren viele zwischenmenschliche Konflikte. Erziehungsprobleme sind oft nicht unausweichliches Schicksal oder das Produkt eines bösen Willens, sondern die Folge des Teufelskreises der Vorurteile.
Nossrat Peseschkian

Die Harmonie der Welt besteht, so wie die der Leier und des Bogens aus widerstrebenden Kräften; also kann auch im menschlichen Leben nichts ganz rein und unvermischt sein.
Plutarch

Fehler pflegen uns, so wie Körper im Nebel, im Zorn größer vorzukommen.
Plutarch

Das ist nun einmal das Schicksal der Menschen: Im Streit miteinander bilden sie sich aus.
Leopold von Ranke

Ein Kompromiss ist ein Übereinkommen, bei dem man vorgibt, dass man nachgibt.
Willy Reichert

Nichts macht uns feiger und gewissenloser als der Wunsch, von allen geliebt zu werden.
François de La Rochefoucauld

Wer sich zu sehr über kleine Dinge ereifert, verliert den Blick für die großen.
François de La Rochefoucauld

Von Konflikten und Kompromissen

Streitigkeiten würden nie lange dauern, wenn das Unrecht immer nur auf einer Seite wäre.
François de La Rochefoucauld

Selbst der entschlossenste Mann hat es nicht in seiner Gewalt, jede Beleidigung von sich fern zu halten. So viel aber vermag er: verhindern, dass man sich lange rühme, ihn beleidigt zu haben.
Jean-Jacques Rousseau

Wenn du einen Feind, der dir geschadet hat, überwinden möchtest, dann überwinde zuerst deinen Zorn.
Sakya Pandita

Zwischen entweder und Oder führt noch manches Sträßlein.
Josef von Scheffel

Höflichkeit ist wie ein Luftkissen, es mag wohl nichts drin sein, aber es mildert die Stöße des Lebens.
Arthur Schopenhauer

Vielmehr ist ganz gewiss, dass jeder Vorwurf nur in dem Maße, als er trifft, verletzen kann.
Arthur Schopenhauer

Von Konflikten und Kompromissen

Es gibt kein sicheres Merkmal der Größe, als kränkende oder beleidigende Äußerungen unbeachtet hingehen zu lassen, indem man sie eben wie unzählige andere Irrtümer der schwachen Erkenntnis des Redenden ohne weiteres zuschreibt und sie daher bloß wahrnimmt, ohne sie zu empfinden.
Arthur Schopenhauer

Es kommt nicht darauf an, mit dem Kopf durch die Wand zu gehen, sondern mit den Augen die Tür zu finden.
Georg von Siemens

Im Wein ist Wahrheit, und mit beiden pflegt man anzustoßen.
Peter Sirius

Takt ist eine Geschicklichkeit, die den Menschen besser als Talent und Wissen über alle Schwierigkeiten führt.
Samuel Smiles

Harmonie ergibt sich aus der Analogie der Gegensätze.
Der Sohar

Die höchste aller Leistungen ist, den Gegner zu unterwerfen, ohne zu kämpfen.
Sun Zi

Wer klug zu dienen weiß, ist halb Gebieter.
Publilius Syrus

Den Zornigen meide kurz, den Hasser lange.
Publilius Syrus

Es ist ein schlechter Plan, der keine Änderung erlaubt.
Publilius Syrus

Der weise Mann zürnt zeitig und nur einmal.
Publilius Syrus

Das Vorurteil ist schlimm – ihm fehlt das Urteil.
Publilius Syrus

Man fällt nicht über seine Fehler. Man fällt immer über seine Feinde, die diese Fehler ausnutzen.

Höflichkeit ist geregelte Gleichgültigkeit. Lächeln ist ein System. Rücksicht ist Voraussicht.
Paul Valéry

In der Auswahl seiner Feinde kann man nicht sorgfältig genug sein.
Oscar Wilde

Immer ist Niederlage im Sieg und Sieg in der Niederlage.
Wu Cheng-en

Vom Streben nach Erkenntnis

Der Beginn aller Wissenschaften ist das Erstaunen, dass die Dinge sind, wie sie sind.
Aristoteles

Auch das Denken schadet bisweilen der Gesundheit.
Aristoteles

Die Erinnerungen verschönern das Leben, aber das Vergessen allein macht es erträglich.
Honoré de Balzac

Wem Zeit wie Ewigkeit und Ewigkeit wie Zeit, der ist befreit von allem Leid.
Jacob Böhme

Wer beobachten will, darf nicht mitspielen.
Wilhelm Busch

Das Leben: ein langes Verfahren, müde zu werden.
Samuel Butler

Der Baum des Wissens ist nicht der des Lebens.
Lord Byron

Behellige nicht den Himmel mit der ständigen nutzlosen Frage: „Welches ist mein Weg?“, sondern lerne stattdessen zu lieben. Wenn du liebst, wirst du deinen Weg finden.
Carlo Carretto

Vom Streben nach Erkenntnis

Das beschauliche Leben ist oft elend. Man muss mehr handeln, weniger denken und sich nicht fortwährend studieren.
Sébastien Nicolas Roch Chamfort

Durch die Leidenschaften lebt der Mensch; durch die Vernunft existiert er bloß.
Sébastien Nicolas Roch Chamfort

Das Leben ist ein Spiel. Man macht keine größeren Gewinne, ohne Verluste zu riskieren.
Christine von Schweden

Nicht der ist frei, der da will tun können, was er will, sondern der ist frei, der da wollen kann, was er tun soll.
Matthias Claudius

Unser Erdenleben ist nur eine kleine Strecke auf der ganzen Bahn unserer Existenz.
Matthias Claudius

Man findet oftmals mehr,
als man zu finden glaubt ...
Pierre Corneille

Alles, was lediglich wahrscheinlich ist,
ist wahrscheinlich falsch.
René Descartes

Durch Vernunft, nicht durch Gewalt soll man die Menschen zur Wahrheit führen.
Denis Diderot

Die verstehen sehr wenig, die nur das verstehen, was sich erklären lässt.
Marie von Ebner-Eschenbach

Vom Streben nach Erkenntnis

Die glücklichen Pessimisten! WelcheFreuden empfinden sie, wenn sie bewiesen haben, dass es keine Freude gibt.
Marie von Ebner-Eschenbach

Der Zufall ist die in Schleier gehüllte Notwendigkeit.
Marie von Ebner-Eschenbach

Wenn man das Dasein als eine Aufgabe betrachtet, dann vermag man es immer zu ertragen.
Marie von Ebner-Eschenbach

Wenn du wissen willst, was niemand weiß, dann lies, was jeder liest – nur ein Jahr später.
Ralph Waldo Emerson

Wir möchten die Welt durchreisen, um das Schöne zu finden, aber wir müssen es in uns tragen, sonst finden wir es nicht.
Ralph Waldo Emerson

Wer weiß denn, ob das Leben nicht ein Sterben ist, und was wir Sterben nennen, drunten Leben heißt?
Euripides

Das wichtigste Resultat aller Bildung ist die Selbsterkenntnis.
Ernst Freiherr von Feuchtersleben

Nichts schmerzt so sehr wie fehlgeschlagene Erwartungen, aber gewiss wird auch durch nichts ein zum Nachdenken fähiger Geist so lebhaft wie durch sie erweckt.
Benjamin Franklin

Der Mensch ist ein dunkles Wesen. Er weiß nicht, woher er kommt, noch wohin er geht, er weiß wenig von der Welt und am wenigsten von sich selbst.
Johann Wolfgang von Goethe

Auch ist das Suchen und Irren gut, denn durch Suchen und Irren lernt man.
Johann Wolfgang von Goethe

Das Leben ist nie etwas, es ist nur die Gelegenheit zu etwas.
Christian Friedrich Hebbel

Vom Streben nach Erkenntnis

Der Kampf der Vernunft besteht darin, dasjenige, was der Verstand fixiert hat, zu überwinden.
Georg Wilhelm Friedrich Hegel

In der kleinen Brust eines Menschen kann sich viel Elend verstecken.
Heinrich Heine

Das ganze Leben ist ein ewiges Wiederanfangen.
Hugo von Hofmannsthal

Was ich bin, ist nichts, was ich suche, ist alles.
Friedrich Hölderlin

Das Gedächtnis ist ein Netz – zieht man es aus dem Bach, so ist es voller Fische, aber tausend Liter Wasser sind durchgelaufen, ohne hängen zu bleiben.
Oliver Holmes

Vom Streben nach Erkenntnis

Des Lebens kurze Dauer verbietet uns, mit langer Hoffnung zu beginnen.
Horaz

Die Zukunft hat viele Namen. Für die Schwachen ist sie das Unerreichbare. Für die Furchtsamen ist sie das Unbekannte. Für die Tapferen ist sie die Chance.
Victor Hugo

Überall geht ein frühes Ahnen dem späteren Wissen voraus.
Alexander von Humboldt

Die größte Angelegenheit des Menschen ist es zu wissen, wie er seine Stellung in der Schöpfung gehörig erfüllt.
Immanuel Kant

Denken ist Reden mit sich selbst.
Immanuel Kant

Leben heißt: das Wesentliche von dem Unwesentlichen herausfühlen und tun.
Friedrich Kayßler

Auf dieser Welt lebt keiner vergebens, der die Bürde eines anderen leichter zu machen versucht.
Helen Keller

Vom Streben nach Erkenntnis

Studiere die Menschen, nicht um sie zu überlisten und auszubeuten, sondern um das Gute in ihnen aufzuwecken und in Bewegung zu setzen!
Gottfried Keller

Auch die Wahrheit gedeiht nur in einer bestimmten Vegetation und Temperatur. Sobald man sie erhitzt, wird sie fanatisch, sobald man sie unterkühlt, zynisch.
Martin Kessel

Verstehen kann man das Leben nur rückwärts. Leben muss man es vorwärts.
Sören Kierkegaard

Zu wissen, was man weiß, und zu wissen, was man tut, das ist Wissen.
Konfuzius

Eine Idee, die als Wahrheit abgewirtschaftet hat, kann als Schlagwort immer noch eine schöne Karriere machen.
Hans Krailsheimer

Denken heißt, im Unendlichen spazieren gehen.
Dominique Lacordaire

Wer nichts zu tun hat, dem macht das Nichts zu schaffen.
Julius Langbehn

Vom Streben nach Erkenntnis

Die größte Offenbarung ist die Stille.
Laotse

Wer andere erkennt, ist gelehrt. Wer sich selbst erkennt, ist weise. Wer andere besiegt, hat Muskelkräfte. Wer sich selbst besiegt, ist stark. Wer zufrieden ist, ist reich. Wer seine Mitte nicht verliert, der dauert.
Laotse

Wer stets begierdelos, der schaut die Geistigkeit des Alls; wer in Begierden lebt, schaut nur die Außenheit des Alls.
Laotse

Man kann die Welt kennen, ohne je sein Haus zu verlassen.
Laotse

Wer nichts zu verlieren hat, hat keinen Grund zu Pessimismus.
Gabriel Laub

Das Vergnügen ist so wichtig als die Arbeit.
Gotthold Ephraim Lessing

Die Geschichte soll nicht das Gedächtnis beschweren, sondern den Verstand erleuchten.
Gotthold Ephraim Lessing

Vom Streben nach Erkenntnis

Leute, die sehr viel gelesen haben, machen selten große Entdeckungen.
Georg Christoph Lichtenberg

Die größten Denker, die mir vorgekommen sind, waren gerade unter allen Gelehrten die, welche am wenigsten gelesen hatten.
Georg Christoph Lichtenberg

Sich selbst besiegen ist der schönste Sieg.
Friedrich Freiherr von Logau

Sechs Stunden sind genug für die Arbeit; die anderen sagen zum Menschen: Lebe!
Lucian

Von Arbeit stirbt kein Mensch; aber von Ledig- und Müßiggehen kommen die Leute um Leib und Leben; denn der Mensch ist zur Arbeit geboren wie der Vogel zum Fliegen.
Martin Luther

Wer so lebt, dass er mit Vergnügen auf sein vergangenes Leben zurückblicken kann, lebt zweimal.
Martial

Das Leben wird nach Taten gemessen, nicht nach Tagen.
Metastasio

Der Geist ist eine Welt für sich, in der die Hölle zum Himmel und der Himmel zur Hölle werden kann.
John Milton

Vom Streben nach Erkenntnis

Es gibt nur drei Methoden, um leben zu können: betteln, stehlen oder etwas leisten.
Gabriel Graf von Mirabeau

Dem weht kein Wind, der keinen Hafen hat, nach dem er segelt.
Michel de Montaigne

Die Nützlichkeit des Lebens liegt nicht in seiner Länge, sondern in seiner Anwendung.
Michel de Montaigne

Ein kluger Mensch sieht so viel, wie er muss, nicht so viel, wie er kann.
Michel de Montaigne

Die Erfahrung lehrt vielmehr, dass die Leute von gutem Gedächtnis gerne ein wenig schwach von Verstande sind.
Michel de Montaigne

Gedanken wollen oft – wie Kinder und Hunde –, dass man mit ihnen im Freien spazieren geht.
Christian Morgenstern

Leben ist die Suche des Nichts nach dem Etwas.
Christian Morgenstern

Bemerke, wie die Tiere das Gras abrupfen! So groß ihre Mäuler auch sein mögen, sie tun der Pflanze selbst nie etwas zuleide, entwurzeln sie niemals. So handle auch der starke Mensch gegen alles, was Natur heißt, sein eigenes Geschlecht voran. Er verstehe die Kunst, vom Leben zu nehmen, ohne ihm zu schaden.
Christian Morgenstern

Die Menschen haben sich daran gewöhnt, von hinten nach vorne, statt von vorne nach hinten zu denken.
Christian Morgenstern

Das Leben ist Schlaf, dessen Traum die Liebe ist. Du wirst gelebt haben, wenn du geliebt haben wirst.
Alfred du Musset

Die Eitelkeit anderer geht uns nur dann wider den Geschmack, wenn sie wider unsere Eitelkeit geht.
Friedrich Nietzsche

Kein Strom ist durch sich selber groß und reich: Sondern, dass er so viele Nebenflüsse aufnimmt und fortführt, das macht ihn dazu. So steht es auch mit allen Größen des Geistes.
Friedrich Nietzsche

Vom Streben nach Erkenntnis

Auch der Zufall ist nicht unergründlich – er hat seine Regelmäßigkeit.
Novalis

Der Kluge gibt keinen unerbetenen Ratschlag, der Weise nicht einmal den erbetenen.
Louis Pasteur

Es gibt zwei gleich gefährliche Abwege: die Vernunft schlechthin zu leugnen und außer der Vernunft nichts anzuerkennen.
Blaise Pascal

Von jeder Sache gibt es zwei einander widersprechende Auffassungen.
Protagoras

Der Ungläubige täuscht sich über das jenseitige, der Gläubige über das diesseitige Leben.
Antoine de Rivarol

Wenn man die Ruhe nicht in sich selbst findet, ist es umsonst, sie anderswo zu suchen.
François de La Rochefoucauld

Wir fürchten als sterbliche Geschöpfe und wünschen, als wären wir unsterblich.
François de La Rochefoucauld

Der Wunsch, klug zu erscheinen, verhindert oft, es zu werden.
François de La Rochefoucauld

Der Gleichmut der Weisen ist nichts als die Kunst, seine Erregung im Herzen zu verschließen.
François de La Rochefoucauld

Die Zeit ist die Larve der Ewigkeit.
Jean Paul

Es ist leichter, anderen mit Weisheit zu dienen als sich selbst.
François de La Rochefoucauld

Vom Streben nach Erkenntnis

Wer glaubt, etwas zu sein, hat aufgehört, etwas zu werden.
Philipp Rosenthal

Erfahren muss man stets, Erfahrung wird nie enden und endlich fehlt die Zeit, Erfahrenes anzuwenden.
Friedrich Rückert

Gesellschaft braucht der Tor und Einsamkeit der Weise.
Friedrich Rückert

Mensch, was du tust, bedenk das End‘, das wird die höchst‘ Weisheit genennt.
Hans Sachs

Die einzige Ausbeute, die wir aus dem Kampf des Lebens davontragen, ist die Einsicht in das Nichts und herzliche Verachtung alles dessen, was uns erhaben schien und wünschenswert.
Friedrich von Schiller

Das Leben ist eine Komödie für den Reichen, ein Spiel für den Narren, ein Traum für den Weisen, ein Trauerspiel für den Armen.
Scholem-Aljechem

Einsamkeit ist das Los aller hervorragenden Geister.
Arthur Schopenhauer

Die ersten vierzig Jahre unseres Lebens liefern den Text, die folgenden dreißig sind Kommentar dazu, der uns den wahren Sinn und Zusammenhang des Textes, nebst der Moral und allen Feinheiten desselben, erst recht verstehen lehrt.
Arthur Schopenhauer

Die eigene Erfahrung hat den Vorzug völliger Gewissheit.
Arthur Schopenhauer

Nichts ist schwerer, als bedeutende Gedanken so auszudrücken, dass jeder sie verstehen muss.
Arthur Schopenhauer

Harmonie und Kraft ist nur in unserem Leben, wenn das Äußere ist wie das Innere.
Albert Schweitzer

Der Stein kommt nicht ins Rollen, weil dieser oder jener Mensch daran stößt, sondern weil ihm Schwerkraft innewohnt.
Albert Schweitzer

Die Weisheit von morgen lautet anders als die von gestern.
Albert Schweitzer

Vom Streben nach Erkenntnis

Die großen Flüsse brauchen die kleinen Wässer.
Albert Schweitzer

Die Menschen glauben den Augen mehr als den Ohren. Lehren sind ein langweiliger Weg, Vorbilder ein kurzer, der schnell zum Ziele führt.
Seneca

Leben heißt kämpfen.
Seneca

Wer nicht handelt, dem wird der Himmel nicht helfen.
Sophokles

Die Einsamkeit ist wie der Duft einer Giftpflanze, süß, aber betäubend und mit der Zeit geradezu verderblich, selbst für die stärksten Konstitutionen.
Friedrich Spielhagen

Jeder Mensch, wenn er nicht vorzeitig abgerufen wird, hat mit allen anderen Menschen ein Schicksal gemeinsam: Er muss sich den Verwandlungen unterwerfen, die sich aus der Folge der Lebensalter ergeben.
Eduard Spranger

Wenn jemand auf seinem Pfade zögert, so drängt ihn nicht zum Weitergehen.
Henry David Thoreau

Da Worte nicht nur gesprochene Atemzüge sind, sollte jeder, der etwas spricht, auch inhaltlich etwas zu sagen haben.
Tschuang-Tsu

Die ganze Mannigfaltigkeit, der ganze Reiz und die ganze Schönheit des Lebens setzen sich aus Licht und Schatten zusammen.
Leo Tolstoi

Der Fasan, der in einer sumpfigen Gegend lebt, muss zehn mühsame Schritte machen, um zu einem einzigen Bissen Futter zu kommen; will er trinken, muss er gar erst hundert Schritte tun. Trotzdem verlangt er nicht nach einem Käfig, in dem er alles haben könnte, was ihm gefällt.
Tschuang-Tsu

Niemand ist weiter von der Wahrheit entfernt als derjenige, der alle Antworten weiß.
Tschuang-Tsu

Vom Streben nach Erkenntnis

Trenne dich nicht von deinen Illusionen! Wenn sie verschwunden sind, wirst du weiter existieren, aber aufgehört haben zu leben.
Mark Twain

Die großen Gedanken kommen aus dem Herzen.
Luc de Clapiers Vauvenargues

Wir entdecken in uns selbst, was die anderen uns verbergen, und erkennen in anderen, was wir vor uns selber verbergen.
Luc de Clapiers Vauvenargues

Des Lebens große Krankheit ist die Langeweile.
Alfred de Vigny

Wer das Leben nicht schätzt, hat es nicht verdient.
Leonardo da Vinci

In einer irrsinnigen Welt vernünftig sein zu wollen ist schon wieder ein Irrsinn für sich.
Voltaire

Wenn man immer versteht, was man tut, dann bleibt man unter seinem Niveau.
Martin Walser

Wer meint, er habe die Lebensaufgaben erledigt, der ist erledigt.
Oscar Wilde

Wenn es überhaupt einen Zweck des Lebens gibt, so ist es dieser: sich immer in Versuchung zu begeben.
Oscar Wilde

Ziel des Lebens ist Selbstentwicklung. Das eigene Wesen völlig zur Entfaltung bringen, das ist unsere Bestimmung.
Oscar Wilde

Wenn einem Leben der Inhalt fehlt, sollte es wenigstens auf seine Form bedacht sein.
Oscar Wilde

Man muss etwas wirklich ernst nehmen, wenn man irgendein Vergnügen am Leben genießen will.
Oscar Wilde

Bei uns ist das Denken stets auf den Vorteil gerichtet und daher verächtlich geworden.
Oscar Wilde

Von Freude, Glück und Humor

Was der Sonnenschein für die Blumen ist, das sind lachende Gesichter für die Menschen.
Joseph Addison

Die wahren Lebenskünstler sind bereits glücklich, wenn sie nicht unglücklich sind.
Jean Anouilh

Das Größte und Schönste dem Zufall zuzuschreiben,
wäre gar zu leichtfertig.
Aristoteles

Siegst du, rühme dich nicht des Sieges frech; erliegst du, wirf dich zu Hause nicht hin, wehklagend; freu dich im Glück nicht zu sehr und im Missgeschick betrübe dich nicht zu hart. Erkenne, welcher Rhythmus unser Los bestimmt.
Archilochos

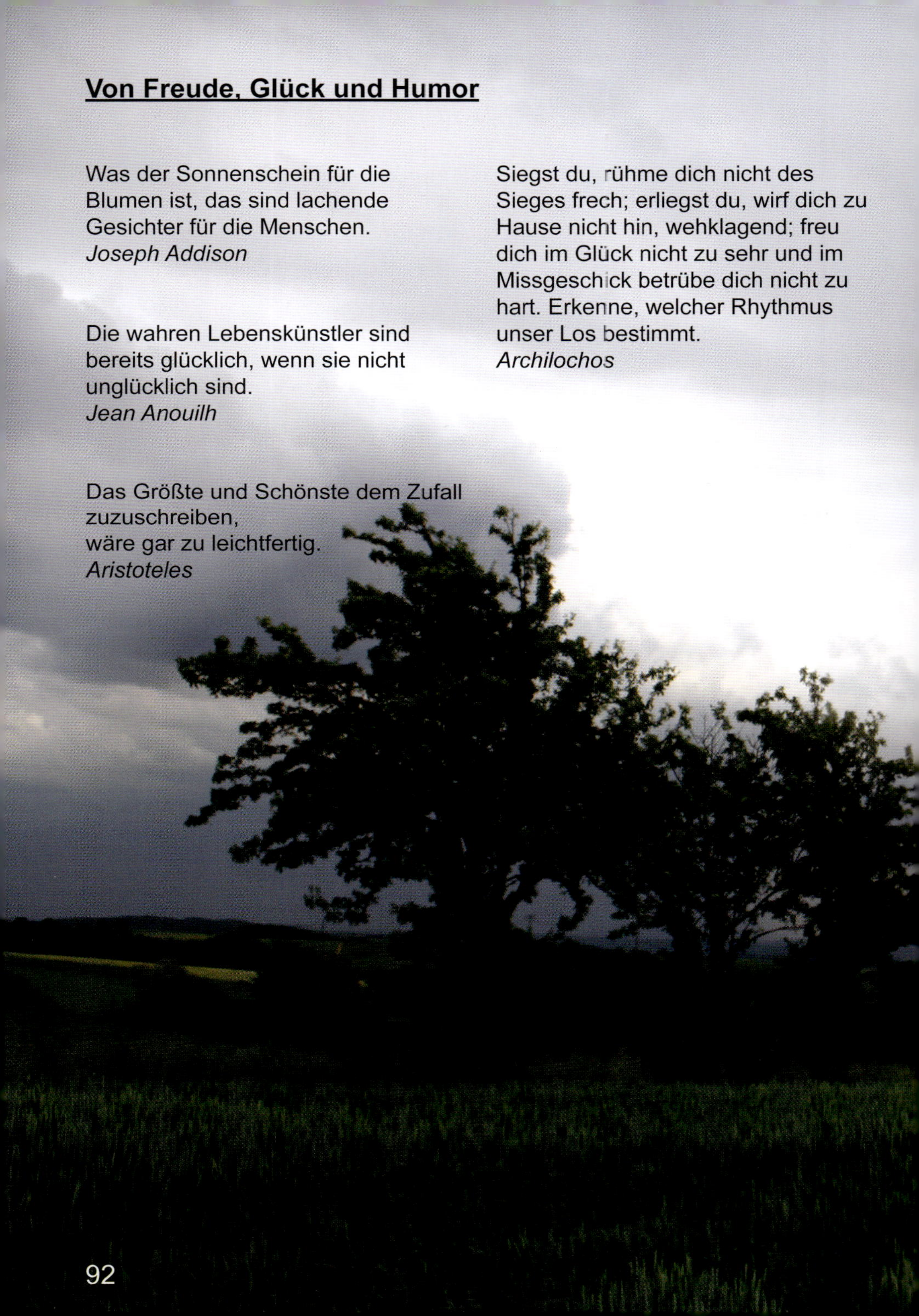

Von Freude, Glück und Humor

Im Unglück sehn' ich mich nach Glück und fürchte Unglück, wenn ich glücklich bin. Wo ist die goldene Mitte, wo das Menschenleben nicht Versuchung wäre? – Weh dem Glücke dieser Welt!
Aurelius Augustinus

Das Glück deines Lebens hängt von der Beschaffenheit deiner Gedanken ab.
Marc Aurel

Glücklich ist, wer sich bei Sonnenuntergang über die aufgehenden Sterne freut.
Adalbert Ludwig Balling

Oft kommt das Glück durch eine Tür herein, von der man gar nicht wusste, dass man sie offen gelassen hatte.
John Barrymore

Jedes schöne Gefühl hat seine Tränen.
Ludwig Bechstein

Wer glücklich ist, der ist auch gut, das zeigt auf jeden Schritt sich; denn wer auf Erden Böses tut, trägt seine Strafe mit sich.
Friedrich Martin Bodenstedt

Nichts ist Unglück als das, was dafür gehalten wird, und umgekehrt ist jeder Zustand glücklich, wenn der, welcher ihn erträgt, zufrieden ist.
Anicius Boethius

Humor ist keine Gabe des Geistes, er ist eine Gabe des Herzens.
Ludwig Börne

Humor ist die äußerste Freiheit des Geistes, Humor ist immer souverän.
Ludwig Börne

Von Freude, Glück und Humor

Beim Anblick eines gewissen Elends empfindet man eine gewisse Scham, glücklich zu sein.
Jean de La Bruyère

Viele Menschen versäumen das kleine Glück, während sie auf das große vergebens warten.
Pearl S. Buck

Fortuna lächelt, doch sie mag nur ungern voll beglücken. Schenkt sie uns einen Sommertag, so schenkt sie uns auch Mücken.
Wilhelm Busch

Und manches Lächeln lächelt da zumeist, wo des Gewissens Qual die Brust zerreißt.
Lord Byron

Glück und Erfolg werden einem nur vergeben, wenn man großmütig einwilligt, beide zu teilen.
Albert Camus

Es ist schwer, das Glück in uns zu finden, und es ist unmöglich, es anderswo zu finden.
Sébastien Nicolas Roch Chamfort

Von Freude, Glück und Humor

Die Menschen kommen durch nichts den Göttern näher, als wenn sie Menschen glücklich machen.
Cicero

Glück ist ein Abfallprodukt des Strebens nach Vollendung. Wer es sucht, kann es nie finden.
Richard von Coudenhove-Kalergi

Ein Leben ohne Freude ist wie eine weite Reise ohne Gasthaus.
Demokrit

Der Humor nimmt die Welt hin, wie sie ist, versucht sie nicht zu bessern und zu bekehren, sondern sie mit Weisheit zu ertragen, da sie doch nur eine närrische Welt ist und bleiben wird.
Charles Dickens

Wer sich keine Annehmlichkeiten versagen kann, wird sich nie ein Glück erobern.
Marie von Ebner-Eschenbach

Sich glücklich fühlen zu können, auch ohne Glück – das ist Glück.
Marie von Ebner-Eschenbach

Von Freude, Glück und Humor

In jede hohe Freude mischt sich eine Empfindung der Dankbarkeit.
Marie von Ebner-Eschenbach

Du kannst so rasch sinken, dass du zu fliegen meinst.
Marie von Ebner-Eschenbach

Der Ruhm der kleinen Leute heißt Erfolg.
Marie von Ebner-Eschenbach

Am Ziel deiner Wünsche wirst du jedenfalls eins vermissen: dein Wandern zum Ziel.
Marie von Ebner-Eschenbach

Nicht, was wir erleben, sondern wie wir empfinden, was wir erleben, macht unser Schicksal aus.
Marie von Ebner-Eschenbach

Wir werden vom Schicksal hart oder weich geklopft. Es kommt auf das Material an.
Marie von Ebner-Eschenbach

Von Freude, Glück und Humor

Man sollte sich hüten, dem jungen Menschen den Erfolg im üblichen Sinne als Ziel des Lebens hinzustellen. Als erfolgreicher Mann gilt jeder, der von seinen Mitmenschen mehr empfängt, als seinen Diensten entspricht. Der Wert eines Mannes aber sollte in dem bestehen, was er gibt, und nicht in dem, was er zu erlangen vermag.
Albert Einstein

Für alles, was du verloren, hast du etwas gewonnen; und für alles, was du gewinnst, verlierst du etwas.
Ralph Emerson

Misserfolge sind entweder Grabsteine unvernünftiger Gedanken oder Meilensteine auf dem Weg zu vernunftgemäßem Erfolg.
Hans Endres

Man ist nicht so sehr reich durch das, was man besitzt, als vielmehr durch das, was man mit Würde zu entbehren weiß.
Epikur

Wenn du einen Menschen glücklich machen willst, dann füge nichts seinen Reichtümern hinzu, sondern nimm ihm einige von seinen Wünschen.
Epikur

Wenn man glücklich ist, soll man nicht noch glücklicher sein wollen.
Theodor Fontane

Glücklich machen ist das höchste Glück.
Theodor Fontane

Nicht Glückes bar sind deine Lenze, du forderst nur des Glücks zu viel; gib deinem Wunsche Maß und Grenze und dir entgegen kommt das Ziel.
Theodor Fontane

Menschliches Glück stammt nicht so sehr aus großen Glücksfällen, die sich selten ereignen, als vielmehr aus kleinen glücklichen Umständen, die jeden Tag vorkommen.
Benjamin Franklin

Von Freude, Glück und Humor

Es gibt zwei Wege, um glücklich zu werden: Wir müssen entweder unsere Wünsche reduzieren oder unsere Mittel vergrößern – beide sind gleich geeignet. Das Resultat ist jeweils dasselbe und jedermann muss für sich selbst entscheiden und muss das tun, was ihm leichter fällt.
Benjamin Franklin

Das Geheimnis eines glücklichen Lebens liegt in der Entsagung.
Mahatma Gandhi

Wer glücklich ist, kann glücklich machen.
Johann Wilhelm Ludwig Gleim

In den meisten Fällen ist Glück kein Geschenk, sondern ein Darlehen.
Albrecht Goes

Wer sich nicht selbst zum Besten halten kann, der ist gewiss nicht von den Besten.
Johann Wolfgang von Goethe

Lachen, Weinen, Lust und Schmerz sind Geschwisterkinder.
Johann Wolfgang von Goethe

Man reist ja nicht, um anzukommen, sondern um zu reisen.
Johann Wolfgang von Goethe

Von Freude, Glück und Humor

Man pflegt das Glück wegen seiner großen Beweglichkeit kugelrund zu nennen, und zwar doppelt mit Recht; denn es gilt diese Vergleichung auch in einem anderen Sinne. Ruhig vor Augen stehend, zeigt die Kugel sich dem Betrachtenden als ein befriedigtes, vollkommenes, in sich abgeschlossenes Wesen; daher kann sie aber auch, so wie der Glückliche, unsere Aufmerksamkeit nicht lang fesseln.
Johann Wolfgang von Goethe

Glücklich allein ist die Seele, die liebt.
Johann Wolfgang von Goethe

Die Freudigkeit ist die Mutter aller Tugenden.
Johann Wolfgang von Goethe

Das wahre Glück ist die Genügsamkeit.
Johann Wolfgang von Goethe

Willst du immer weiter schweifen? Sieh, das Gute liegt so nah. Lerne nur das Glück ergreifen: Denn das Glück ist immer da.
Johann Wolfgang von Goethe

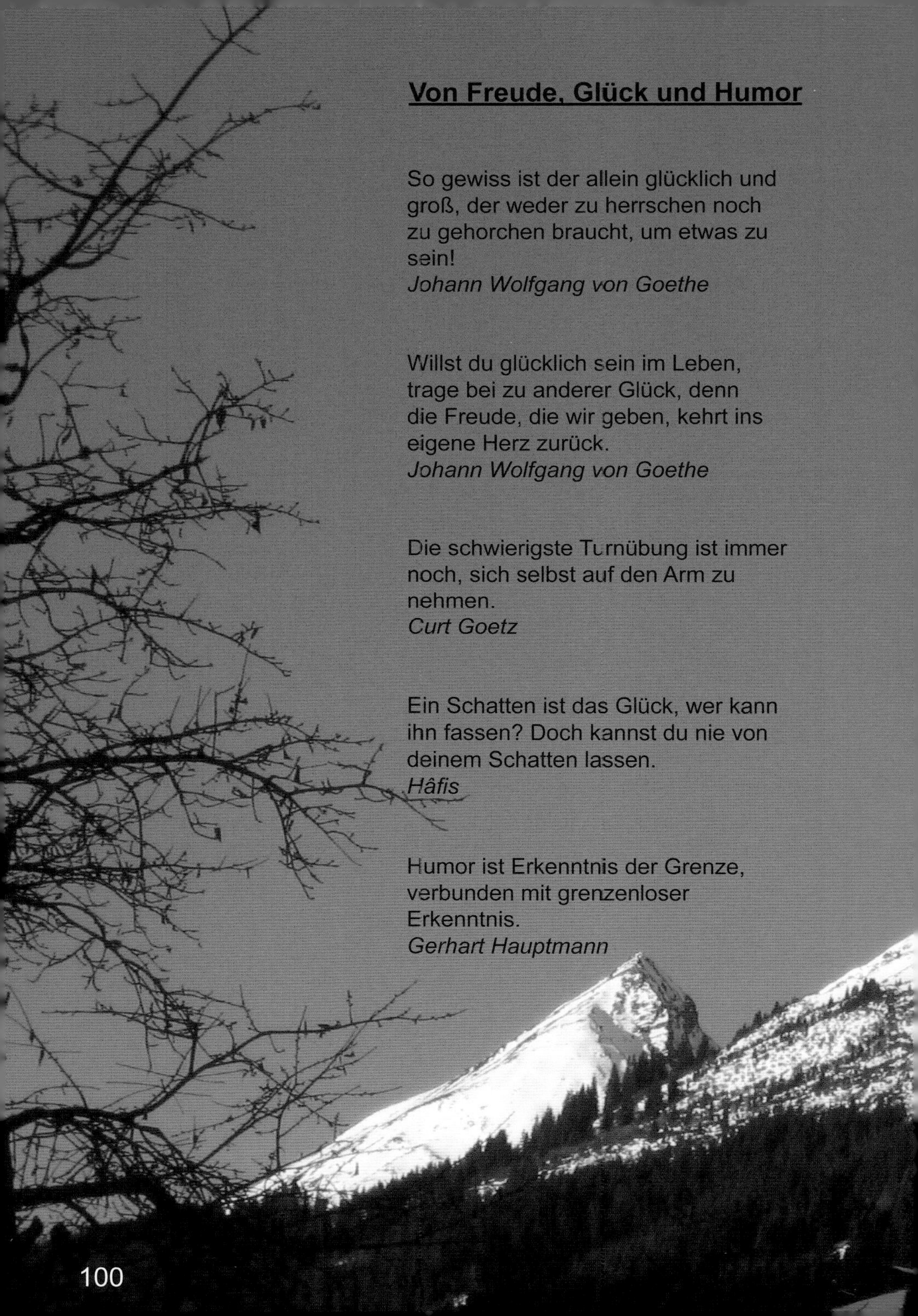

Von Freude, Glück und Humor

So gewiss ist der allein glücklich und groß, der weder zu herrschen noch zu gehorchen braucht, um etwas zu sein!
Johann Wolfgang von Goethe

Willst du glücklich sein im Leben, trage bei zu anderer Glück, denn die Freude, die wir geben, kehrt ins eigene Herz zurück.
Johann Wolfgang von Goethe

Die schwierigste Turnübung ist immer noch, sich selbst auf den Arm zu nehmen.
Curt Goetz

Ein Schatten ist das Glück, wer kann ihn fassen? Doch kannst du nie von deinem Schatten lassen.
Hâfis

Humor ist Erkenntnis der Grenze, verbunden mit grenzenloser Erkenntnis.
Gerhart Hauptmann

Von Freude, Glück und Humor

Wer Humor hat, der lacht über das, was nicht so ist, wie es sein soll; wer spottet, der lacht über das, was nicht so sein kann, wie es sein soll.
Ernst Hauschka

Halte das Glück wie den Vogel: so leise und lose wie möglich! Dünkt er sich selber nur frei, bleibt er dir gern in der Hand.
Friedrich Hebbel

Heiterkeit ist weder Tändelei noch Selbstgefälligkeit, sie ist höhere Erkenntnis und Liebe, ist Bejahung aller Wirklichkeiten, Wachsein am Rand aller Tiefen und Abgründe.
Hermann Hesse

Das Glück ist ein Wie, kein Was, ein Talent, kein Objekt.
Hermann Hesse

Das Glück des Lebens besteht nicht darin, wenig oder keine Schwierigkeiten zu haben, sondern sie alle siegreich und glorreich zu überwinden.
Carl Hilty

Schwer ist zu tragen das Unglück, aber schwerer das Glück.
Friedrich Hölderlin

Wer sich heiter zu erhalten sucht, der sorgt nicht bloß für sein Glück, sondern er übt wirklich eine Tugend.
Wilhelm von Humboldt

Mit Mühe und Beschwerden wird man allein fertig. Aber die Freude muss man teilen.
Henrik Ibsen

Von Freude, Glück und Humor

Von Freude, Glück und Humor

Das Glück läuft niemand nach. Man muss es aufsuchen.
Adolph Kolping

Wer ständig glücklich sein möchte, muss sich oft verändern.
Konfuzius

Langfristig ist man nur erfolgreich, wenn man weiß, warum man erfolgreich ist.
Rupert Lay

Dauerndes Glück ist nur in der Aufrichtigkeit zu finden.
Georg Christoph Lichtenberg

Die meisten Menschen sind ungefähr so glücklich, wie sie es zu sein bereit sind.
Abraham Lincoln

Glück erkennt man nicht, drinne man geboren, Glück erkennt man erst, wenn man es verloren.
Friedrich von Logau

Was die Menschen Glück und Unglück nennen, ist nur der rohe Stoff dazu; am Menschen liegt's, wozu er ihn formt. Nicht der Himmel bringt das Glück; der Mensch bereitet sich sein Glück und spannt seinen Himmel selber in der eigenen Brust. Der Mensch soll nicht sorgen, dass er in den Himmel, sondern dass der Himmel in ihn komme. Wer ihn nicht in sich selber trägt, der sucht ihn vergebens im ganzen All.
Otto Ludwig

Glück ist wie die Sonne. Ein wenig Schatten muss sein, wenn's dem Menschen wohl werden soll.
Otto Ludwig

Ohne ein bisschen Bosheit kann man unmöglich witzig sein.
Thomas Babington Macauly

Von Freude, Glück und Humor

Es ist unmöglich, einen Mann, dem durch seine Art zu verfahren viel geglückt ist, zu überzeugen, er könne gut daran tun, anders zu verfahren. Daher kommt es, dass das Glück eines Mannes wechselt; denn die Zeiten wechseln, er aber wechselt nicht sein Verfahren.
Niccolò Macchiavelli

Glücklich sein, das ist, die Ungeduld nach dem Glück hinter sich zu haben.
Maurice Maeterlinck

Viele erkennen zu spät, dass man auf der Leiter des Erfolgs einige Stufen überspringen kann. Aber immer nur beim Hinuntersteigen.
Somerset Maugham

Glück ist dem Menschen gefährlicher als Unglück. Dieses hält ihn wachsam, jenes macht ihn gleichgültig.
Charles de Secondat Montesquieu

Im Glück wird man vergesslich.
Menander

Für großartig angelegte Menschen ist es die schwerste Aufgabe, auf der Zinne des Erfolges dessen natürliche Schranke zu erkennen.
Theodor Mommsen

Lachen und Lächeln sind Tore und Pforten, durch die viel Gutes in einen Menschen hineinhuschen kann.
Christian Morgenstern

Das ganze Glück des Menschen besteht darin, bei anderen Achtung zu genießen.
Blaise Pascal

Während wir uns immer nur in Bereitschaft halten, glücklich zu werden, ist es unvermeidlich, dass wir es niemals richtig sind.
Blaise Pascal

Das stille, häusliche Glück ist darum das edelste, weil wir es ununterbrochen genießen können. Geräuschvolles Vergnügen ist nur ein fremder Gast.
Jean Paul

Von Freude, Glück und Humor

Die Erinnerung ist das einzige Paradies, aus dem wir nicht vertrieben werden können.
Jean Paul

Ein Scherz hat oft gefruchtet, wo der Ernst nur Widerstand hervorzurufen pflegte.
August Graf von Platen

Freue dich an dem, was du besitzest.
Platon

Humor ist der Schwimmgürtel auf dem Strome des Lebens.
Wilhelm Raabe

Mäßigkeit im Glück ist Scheu vor der Scham, die auf den Übermut folgt, und Angst zu verlieren, was man hat.
François de La Rochefoucauld

Die Bescheidenheit glücklicher Menschen kommt von der Ruhe, welche das Glück ihren Gemütern verleiht.
François de La Rochefoucauld

Den Mitmenschen Freude zu machen, ist doch das Beste, was man auf der Welt tun kann.
Peter Rosegger

Nicht das, was wir sind und haben, bestimmt unser Glück, sondern das, was wir glauben zu sein und zu haben.
Peter Rosegger

Das Geld ist für die Bequemlichkeit des Lebens da und nicht das Leben für das Zusammenraffen des Geldes. Glücklich ist, wer erwirbt und genießt – unglücklich der, der geizt und knausert.
Abu Sadi

Wer über alles lachen könnte, würde die Welt beherrschen.
Friedrich von Schiller

Glück ist das Einzige, was wir anderen geben können, ohne es selbst zu besitzen.
Carmen Sylva

Es ist leichter, vom Schicksal eine Gunst zu empfangen, als sie zu bewahren.
Publilius Syrus

Von Freude, Glück und Humor

Wenn das Glück auf unserer Seite ist, leistet die öffentliche Gunst ihm Gesellschaft.
Publilius Syrus

Kein Mensch ist glücklich, der sich nicht dafür hält.
Publilius Syrus

Wir sind in diese Welt gekommen, nicht nur, dass wir sie kennen, sondern dass wir sie bejahen.
Rabindranath Tagore

Ich schlief und träumte, das Leben sei Freude. Ich erwachte und sah, das Leben ist Pflicht. Ich tat meine Pflicht und siehe, das Leben ward Freude.
Rabindranath Tagore

Für Glück und Unglück im Schicksal des Menschen gibt es keine Hintertüren; sie kommen, wie die Menschen selbst sie rufen. Auf Gut und Böse folgt deren Vergeltung, wie der Schatten dem Körper folgt.
T'ai-Shang

Von Freude, Glück und Humor

Man müsste Gott selber sein,
um Erfolge und Misserfolge
unterscheiden zu können, ohne dabei
einen Fehler zu machen.
Anton Tschechow

Wir sind bestürzt über unsere
Rückfälle und uns betroffen zu sehen,
dass selbst unser Unglück uns
nicht von unseren Fehlern zu heilen
vermochte.
Luc de Clapier Vauvenargues

Mach anderen Freude! Du wirst
erfahren, dass Freude freut.
Friedrich Theodor von Vischer

Glück und Unglück sind Ketten, die
eine aus Gold, die andere aus Eisen,
aber beide fesseln uns mit gleicher
Stärke und hindern uns, unser
wahres Wesen zu erkennen.
Swâmi Vivekânanda

Das vollkommene Glück ist
unbekannt. Für den Menschen ist es
nicht geschaffen.
Voltaire

Die Menschen suchen ihr Glück,
ohne zu wissen, auf welche Art sie
es finden können: wie Betrunkene
ihr Haus suchen, im unklaren
Bewusstsein, eins zu haben.
Voltaire

Das wahre Glück, das Eigentum des
Weisen, steht fest, indes Fortunas
Kugel rollt.
Christoph Martin Wieland

Von Gott, Göttern und Religionen

Die Offenbarung Gottes zeigt uns mehr, was er nicht ist, als was er ist.
Thomas von Aquin

Um Gott zu erkennen, muss man ihn lieben. Um die Menschen zu lieben, muss man sie kennen.
Aurelius Augustinus

Gott hat ein größeres Verlangen, dir Wohltaten zu erweisen, als du, sie zu empfangen.
Aurelius Augustinus

Der Lohn für unseren Glauben wird sein, dass wir schauen, was wir glauben.
Aurelius Augustinus

Die einzige Entschuldigung für dieses Leben ist die Auferstehung.
Léon Bloy

Der Unterschied zwischen Freiheit und Freiheiten ist so groß als zwischen Gott und Göttern.
Ludwig Börne

Gott zieht an einer Hand, der Teufel an beiden Beinen.
Wilhelm Busch

Mit Glauben allein kann man sehr wenig tun, aber ohne ihn gar nichts.
Samuel Butler

Der Glaube hat nicht nur den Sinn, sondern die Freude in die Welt gebracht.
Paul Claudel

Verachte nicht die Religion, denn sie ist dem Geist gemeint, und du weißt nicht, was unter unansehnlichen Bildern verborgen sein könnte.
Matthias Claudius

Die Religion ist die beste, welche die vielen eint, den einzelnen kräftigt, den stolzen beugt, die uns das Leben lieben und den Tod mit Ergebung erwarten macht.
Ernst Freiherr von Feuchtersleben

Von Gott, Göttern und Religionen

Wahre Religion ist gebaut auf das Wahre, das Gute in der Menschennatur, nicht auf der Sünde Morast.
Ludwig Feuerbach

Der Mensch ist der Anfang der Religion, der Mensch der Mittelpunkt der Religion, der Mensch das Ende der Religion.
Ludwig Feuerbach

Der Religion ist nur das Heilige wahr, der Philosophie nur das Wahre heilig.
Ludwig Feuerbach

Ein Mensch, der Gott gehorcht, erwählt das beste Teil; ein Mensch, der Gott verlässt, verlässt sein eig'nes Heil.
Christian Fürchtegott Gellert

Genieße, was dir Gott beschieden. Entbehre gern, was du nicht hast.
Christian Fürchtegott Gellert

Alles Ding währt seine Zeit, Gottes Lieb' in Ewigkeit.
Paul Gerhardt

Die Menschen sind nur so lange produktiv, als sie noch religiös sind.
Johann Wolfgang von Goethe

Religion ist das als eine Lebensnotwendigkeit tief empfundene Gefühl der Abhängigkeit.
Karl Gutzkow

Man muss nie bei Menschen zuerst Trost suchen, sondern bei Gott und den Menschen schon gefasst gegenübertreten. Dann allein wirken sie wohltätig auf uns.
Carl Hilty

Leben wir allein für dieses Leben, so sind wir die elendsten aller geschaffenen Wesen.
Alexander von Humboldt

Die Religion, die bloß auf Theologie gebaut ist, kann niemals etwas Moralisches enthalten.
Immanuel Kant

Von Gott, Göttern und Religionen

Es ist nur eine Religion, aber es kann vielerlei Arten des Glaubens geben.
Immanuel Kant

Gott wägt die Handlung mehr nach der Meinung ab, in der sie geschieht, als nach der Größe des verrichteten Werkes.
Thomas von Kempen

Die Religion ist das letzte Ziel, wohin all unsere Gedanken und Handlungen gehen müssen.
Friedrich Gottfried Klopstock

Wer Gott kennt, kennt alles. Wer Gott nicht kennt, kennt nichts.
Dominique Lacordaire

Der Buchstabe ist nicht der Geist und die Bibel nicht die Religion.
Gotthold Ephraim Lessing

Die Arznei macht kranke, die Mathematik traurige und die Theologie sündhafte Leute.
Martin Luther

Es ist mit Gottes Wort nicht zu scherzen. Kannst du es nicht verstehen, so ziehe den Hut vor ihm ab.
Martin Luther

Der Glaube sieht aufs Wort, nicht auf den Prediger.
Martin Luther

Das Evangelium ist so klar, dass es nicht viel Auslegens bedarf, sondern es will nur wohl betrachtet, angesehen und tief zu Herzen genommen sein.
Martin Luther

Es gibt, die Religion sei, welche sie wolle, nur einen Gott, nur eine Tugend, nur eine Wahrheit, nur ein Glück. Du findest alles, wenn du der Stimme deines Herzens folgst.
Arnold Ludwig Mendelssohn

Was Gott ist, wird in Ewigkeit kein Mensch ergründen! Doch will er treu sich allezeit mit uns verbünden.
Conrad Ferdinand Meyer

Von Gott, Göttern und Religionen

Gott ist überall im Weltall sichtbar und jene Augen, die ihn nicht wahrnehmen, sind wahrlich blind oder schwach.
Napoleon I.

Jede Religion ist falsch, die in ihrem Glauben nicht einen Gott als Grund aller Dinge verehrt.
Blaise Pascal

Am wenigsten stützt Religion und Sittlichkeit auf Gründe; eben die Menge der Pfeiler verfinstert und verengt die Kirchen.
Jean Paul

Auf echte Religion des Herzens führt uns leicht alles: der Sternenhimmel, das Abendrot, ja das Abendgeläute, jede Rührung, vielleicht Schmerz.
Jean Paul

Ein einziger Mensch auf Gottes Seite ergibt bereits eine Mehrheit.
Wendell Phillips

Wen die Götter lieben, den lassen sie früh sterben.
Plautus

Der Herr lässt Gras wachsen auf den hohen Bergen. Aber als lieber Gott hat er seinen schönen Blumen den Aufenthalt doch mehr im Tal angewiesen.
Wilhelm Raabe

Die Missachtung der Religion führt zur Missachtung der menschlichen Gefühle.
Jean-Jacques Rousseau

Man dient Gott mehr durch das Leiden als durch das Wirken.
Franz von Sales

Ein Heiliger, der traurig ist, ist in Wahrheit ein trauriger Heiliger.
Franz von Sales

Gott hilft nur dann, wenn Menschen nicht mehr helfen.
Friedrich von Schiller

Gott und Natur sind zwei Größen, die sich vollkommen gleich sind.
Friedrich von Schiller

Von Gott, Göttern und Religionen

Die Religion ist die Wurzel des menschlichen Daseins.
August Wilhelm Schlegel

Die Religionen sind wie Leuchtwürmer; sie bedürfen der Dunkelheit, um zu leuchten.
Arthur Schopenhauer

Religionen sind Kinder der Unwissenheit, die ihre Mutter nicht lange überleben.
Arthur Schopenhauer

Wie viele Glaubensvorstellungen der Vergangenheit wir beibehalten, ist weniger wichtig, wichtig ist nur das Eine: eins sein mit Gott in der Liebe.
Albert Schweitzer

Die Natur bleibt Natur. In ihren ewig geheimnisvollen Vorgängen spiegelt sich für alle Zeiten das Reich Gottes wider, denn im Reiche des Geistes gelten dieselben Gesetze wie im Reich der Natur. Es ist, als ob Jesus durch seine Gleichnisse der Natur die Sprache verliehen hätte, dass sie nun fort und fort, von der Saat bis zur Ernte, den Menschen sein Evangelium verkündet. Diese Gleichnisse sind unerschöpflich wie die Natur selbst.
Albert Schweitzer

Ich möchte, dass man es an uns spürte, dass wir das Leben schwer nehmen und uns in jedem Augenblick unserem Herrn gegenüber verantwortlich fühlen für das, was unser Dasein für die Menschen, mit denen wir zusammen sind, und was es für das Kommen des Reiches Gottes in unserer Umgebung bedeutet. Und in dieser Verantwortung ist nicht etwas Niedergeschlagenes, sondern etwas Freudiges, etwas, das stark macht.
Albert Schweitzer

Von Gott, Göttern und Religionen

In allem, was das Christentum Schönes und Herrliches in der Welt vollbracht hat, was ist denn da für eine andere Kraft als die Kraft des Kreuzes Christi? Sie wirkte in allen denen, die Großes, Edles und Heiliges geleistet haben.
Albert Schweitzer

In der Religion suchen wir Antwort auf die elementare Frage, vor der jeder von uns jeden Morgen aufs Neue steht, welchen Sinn und welchen Wert wir unserem Leben geben sollen. Was bin ich in der Welt? Was will ich in ihr? Was darf ich in ihr hoffen?
Albert Schweitzer

Wird Christus tausendmal zu Bethlehem geboren und nicht in dir, du bleibst verloren.
Angelus Silesius

Der Himmel hilft niemals denen, die nicht handeln wollen.
Sophokles

Es ist höchste Weisheit, an einen Gott zu glauben, der straft und belohnt.
Voltaire

Von Trauer und Verlust, von Hoffnung und Trost

Von allen Qualen, die den Menschen heimsuchen können, ist die Selbstverachtung die größte.
Berthold Auerbach

Was du erhältst, nimm ohne Stolz an. Was du verlierst, gib ohne Trauer auf.
Mark Aurel

Auch der Schmerz will seinen Ausdruck haben und der Mann, vom Schmerz überwältigt, braucht sich seiner Tränen nicht zu schämen.
Friedrich von Bodenstedt

Die Finsternis ist die größte Feindschaft des Lichts und ist doch die Ursache, dass das Licht offenbar werde.
Jacob Böhme

Schmerz ist der Vater und Liebe die Mutter der Weisheit.
Ludwig Börne

Trost gibt der Himmel. Von den Menschen erwartet man Beistand.
Ludwig Börne

Es gibt für den Menschen nur ein wirkliches Unglück, das ist, sich im Fehler zu befinden und sich etwas vorzuwerfen zu haben.
Jean de La Bruyère

Eine Träne zu trocknen ist ehrenvoller, als Ströme von Blut zu vergießen.
Lord Byron

Kein größerer Schmerz ist denkbar, als sich erinnern an die Zeit des Glückes im Unglück.
Dante

Im Grunde ist jedes Unglück gerade nur so schwer, wie man es nimmt.
Marie von Ebner-Eschenbach

Von Trauer und Verlust, von Hoffnung und Trost

Willst du getröstet werden, so vergiss derer, denen es besser geht, und denke immer an die, denen es schlimmer ist.
Meister Eckhart

Wenn immer dich ein Unglücksfall trifft, denke daran, dich zu fragen, was in deiner Macht steht, ihn zu deinem Nutzen zu wenden.
Epictetus

Betrübten fällt beschwerlich jeder Gastbesuch.
Euripides

Wo viele Sorgen waren, wird auch einst viel Segen sein.
Kardinal Michael von Faulhaber

Steht dir ein Schmerz bevor oder hat er dich bereits ergriffen, so bedenke, dass du ihn nicht vernichtest, indem du dich von ihm abwendest! Sieh ihm fest ins Auge!
Ernst von Feuchtersleben

Sag nicht, lass uns noch ein wenig schlafen und träumen, bis die Besserung von selbst komme. Sie wird niemals von selbst kommen.
Johann Gottlieb Fichte

Mit den Flügeln der Zeit fliegt die Traurigkeit davon.
Jean de La Fontaine

Von Trauer und Verlust, von Hoffnung und Trost

Krise ist ein produktiver Zustand. Man muss ihm nur den Beigeschmack der Katastrophe nehmen.
Max Frisch

Ein ewig Rätsel ist das Leben und ein Geheimnis bleibt der Tod.
Emanuel Geibel

Man verliert nicht immer, wenn man entbehrt.
Johann Wolfgang von Goethe

Wer lebt, soll nimmer mit den Toten streiten.
Johann Wolfgang von Goethe

Wenn wir immer ein offenes Herz hätten, das Gute zu genießen, das uns Gott für jeden Tag bereitet, wir würden alsdann auch Kraft genug haben, das Übel zu tragen, wenn es kommt.
Johann Wolfgang von Goethe

Seelenleiden zu heilen vermag der Verstand nichts, die Vernunft wenig, die Zeit viel, entschlossene Tätigkeit alles.
Johann Wolfgang von Goethe

Mensch, willst du, dass die Tränen dir versiegen und es heiter werde in deinem Gemüt, so musst du deine Augen nicht an den Schoß der Erde drücken, du musst sie aufwärts kehren.
Jeremias Gotthelf

Wer Freude hat am Klagen, der wird immer was zum Klagen finden.
Jeremias Gotthelf

Fürchte du die Lebenden und nicht die Toten.
Christian Dietrich Grabbe

Lassen wir die Toten ruhen, die uns nimmer ruhen lassen.
Friedrich Hebbel

Die Freude verallgemeinert, der Schmerz individualisiert den Menschen.
Friedrich Hebbel

Von Trauer und Verlust, von Hoffnung und Trost

Der Schmerz liegt in der Dauer, die Freude im Augenblick.
Friedrich Hebbel

Nur der verwandte Schmerz entlockt uns die Träne und jeder weint eigentlich für sich selbst.
Heinrich Heine

Was wäre das Leben ohne Hoffnung? Ein Funke, der aus der Kohle springt und verlischt.
Friedrich Hölderlin

Trauert nicht, wenn eines Herzens Melodie verstummt! Bald findet eine Hand sich, wieder es zu stimmen.
Friedrich Hölderlin

Der Tod ist kein Abschnitt des Daseins, sondern nur ein Zwischenereignis, ein Übergang aus einer Form des endlichen Wesens in eine andere.
Wilhelm von Humboldt

Man muss jedes Hindernis mit Beharrlichkeit und einer sanften Stimme angehen.
Thomas Jefferson

Auch was wir aufgeben, müssen wir mit freier Wahl aufgeben, nicht wie der Fuchs die Trauben.
Gottfried Keller

Bewältige eine Schwierigkeit und du hältst hundert von dir fern.
Konfuzius

Unsere Tage sind zu dunkel, um nicht eine neue Sonne zu verheißen.
Paul de Lagarde

Wie dein Leiden sich mehrt, so mehrt sich die Kraft, es zu tragen.
Lavater

Trösten ist eine Kunst des Herzens. Sie besteht oft nur darin, liebevoll zu schweigen und schweigend mitzuleiden.
Otto von Leixner

Belehrung findet man öfter in der Welt als Trost.
Georg Christoph Lichtenberg

Von Trauer und Verlust, von Hoffnung und Trost

Des Nächsten Leid zu lindern hilft einem, das eigene zu vergessen.
Abraham Lincoln

Wir kommen nie aus den Traurigkeiten heraus, wenn wir uns ständig den Puls fühlen.
Martin Luther

Nichts ist so hoffnungslos, dass wir nicht Grund zu neuer Hoffnung fänden.
Niccolò Macchiavelli

Aus keiner Gefahr rettet man sich ohne Gefahr.
Niccolò Macchiavelli

Besser ist's, der Körper leidet, als die Seele.
Menander

Der ist erst ganz unglücklich, der die kahlen Wände seines Herzens nicht einmal mit Bildern der Erinnerung schmücken kann.
Johann Nestroy

Von Trauer und Verlust, von Hoffnung und Trost

Jedes Ding hat zwei Gesichter, eins des Vergehens, eins des Werdens.
Friedrich Nietzsche

Wünschen ist ein Anzeichen von Genesung oder Besserung.
Friedrich Nietzsche

Die Hoffnung ist der Regenbogen über dem herabstürzenden Bach des Lebens.
Friedrich Nietzsche

Es gibt gar kein eigentliches Unglück in der Welt. Glück und Unglück stehen in beständiger Waage. Jedes Unglück ist gleichsam das Hindernis eines Stroms, der nach überwundenem Hindernis nur desto mächtiger durchbricht.
Novalis

Aufgelöst und gestillt wird durch die Tränen der Schmerz.
Ovid

Ohne Zerstreuung gibt's für den Menschen keine Freude, mit Zerstreuung keine Trauer.
Blaise Pascal

Von Trauer und Verlust, von Hoffnung und Trost

Eine Kleinigkeit tröstet uns, weil eine Kleinigkeit uns betrübt.
Blaise Pascal

Das Alter ist nicht trübe, weil darin unsere Freuden, sondern weil unsere Hoffnungen aufhören.
Jean Paul

Die Leiden sind wie Gewitterwolken: In der Ferne sehen sie schwarz aus, über uns grau.
Jean Paul

Weinen spült das Leid fort.
Karl Peltzer

Wer sich nicht selbst helfen will, dem kann niemand helfen.
Johann Heinrich Pestalozzi

Jeder muss entsagen können, bis er dem Leben selbst entsagt.
August von Platen

Wie viele treue besorgte Blicke aus lieben Augen gehen einem verloren, während man auf das Zwinkern, das Schielen und Blinzeln der Welt rundum nur zu genau achtet und sich sein Teil Ärger, Kummer, Sorgen, Verdruss und Verzweiflung daraus holt.
Wilhelm Raabe

Von Trauer und Verlust, von Hoffnung und Trost

Es kommt immer anders! Das ist das wahrste Wort und zugleich auch der beste Trost, der dem Menschen in seinem Erdenleben mit auf den Weg gegeben worden ist.
Wilhelm Raabe

Wenn du recht schwer betrübt bist, dass du meinst, kein Mensch auf der Welt könne dich trösten, so tue jemand etwas Gutes, gleich wird's besser sein.
Peter Rosegger

Der Tod ist das Ende der Mühsal und wen er heute trifft, der braucht ihn nicht morgen zu scheuen.
Friedrich Rückert

Wie groß die Finsternis auch sei, wir sind immer dem Licht nahe.
Franz von Sales

Wo nur eine Träne der Freude liegt, liegen tausend Tränen der Verzweiflung begraben.
Friedrich von Schiller

Das Leben ist nur ein Moment, der Tod ist auch nur einer.
Friedrich von Schiller

Nichts in der Welt kann den Menschen sonst unglücklich machen als bloß und allein die Furcht. Das Übel, was uns betrifft, ist selten oder nie so schlimm als das, welches wir befürchten.
Friedrich von Schiller

Von Trauer und Verlust, von Hoffnung und Trost

Meistes belehrt uns erst der Verlust
über den Wert der Dinge.
Arthur Schopenhauer

Man muss immer die Erinnerung von allem, was schön war, in einem guten und feinen Herzen behalten. Das tue ich mein ganzes Leben lang. Darum ist es nie ganz dunkel. Wir haben alle in der Erinnerung zu leben.
Albert Schweitzer

Wir beklagen uns unaufhörlich, dass unsere Tage so wenige seien. Und wir betragen uns trotzdem so, als ob sie nie enden würden.
Seneca

Sei nicht unglücklich vor der Zeit, da ja, was du als drohendes Unheil fürchtest, vielleicht nie eintreten wird, sicher aber noch nicht eingetreten ist.
Seneca

Kummer und Sorgen schwellen
den Leib auf.
William Shakespeare

Niemand heilt durch Jammern
seinen Harm.
William Shakespeare

Schmerz, der nicht spricht,
erstickt das volle Herz und
macht es brechen.
William Shakespeare

Ein tiefer Fall führt oft
zu höherem Glück.
William Shakespeare

Von Trauer und Verlust, von Hoffnung und Trost

Wenn wir alle unser Unglück
auf einen gemeinsamen Haufen
legten und dann jeder davon einen
gleich großen Teil wieder an sich
nehmen müsste, so würden die
meisten Menschen zufrieden ihr
eigenes Unglück zurücknehmen und
davongehen.
Sokrates

Fromm handelt, wer die Toten ehrt.
Sophokles

Nicht weinen, nicht zürnen,
sondern begreifen!
Baruch de Spinoza

Vom Unglück erst zieh ab die Schuld;
was übrig ist, trag in Geduld.
Theodor Storm

Die Zeit vergeht so schnell, dass wir
vielmehr daran denken sollten, wie
wir gut sterben, als wie wir gut leben.
Heilige Theresa

Der Mensch vergisst Schmerz viel
leichter als Freude.
Niccolò Tommaseo

Von Trauer und Verlust, von Hoffnung und Trost

Sag nicht, dass die Toten tot sind. Etwas von ihrem Wesen lebt weiter in ihren Nachkommen.
Tschuang-tsu

Wer alle Leiden auf sich nehmen kann, kann alles wagen.
Luc de Clapiers Vauvenargues

Was es auch sei, durch Dulden besiegen wir jedes Verhängnis.
Vergil

Wo viel Gefühl ist, ist auch viel Leid!
Leonardo da Vinci

Nur schwache Menschen wollen vergessen und nur solche vermögen es.
Richard Voß

Das Mitleid erweitert das Ich, indem es das Leid der anderen umfasst.
Heinrich Wiesner

Seichte Trauer und seichte Liebe leben lange. Große Liebe und große Schmerzen vernichten sich durch ihre eigene Fülle.
Oscar Wilde

Schicksalsschläge lassen sich ertragen – sie kommen von außen, sind zufällig. Aber durch eigene Schuld leiden – das ist der Stachel des Lebens.
Oscar Wilde

Es scheint schwerer, einen Mann zu finden, der das Glück, als einen, der das Unglück gut erträgt. Denn das Glück flößt den meisten Übermut ein, das Unglück Besonnenheit.
Xenophon

Von Genie, Kunst und Kultur

Schönheit ist der Sinn der Welt. Schönheit genießen heißt die Welt verstehen.
Otto Julius Bierbaum

Das Genie tut, was es tun muss. Die Begabung, was sie kann.
Edward George Bulwer-Lytton

Oft trifft man wen, der Bilder malt, viel seltener wen, der sie bezahlt.
Wilhelm Busch

Es schreibt keiner wie ein Gott, der nicht gelitten hat wie ein Hund.
Marie von Ebner-Eschenbach

Der alte Satz: aller Anfang ist schwer, gilt nur für Fertigkeiten. In der Kunst ist nichts schwerer als beenden.
Marie von Ebner-Eschenbach

Genie besteht aus einem Prozent Inspiration und 99 Prozent Transpiration.
Thomas Alva Edison

Der Dichter ist das Herz der Welt.
Joseph von Eichendorff

Ohne ethische Kultur gibt es keine Rettung für die Menschheit.
Albert Einstein

Halte dich ans Schöne! Vom Schönen lebt das Gute im Menschen und auch seine Gesundheit.
Ernst Freiherr von Feuchtersleben

Stil ist richtiges Weglassen des Unwesentlichen.
Anselm Feuerbach

Was gefällt, bleibt im Gedächtnis.
Friedrich I.

Von Genie, Kunst und Kultur

Der Maler soll nicht bloß malen, was er vor sich sieht, sondern auch, was er in sich sieht. Sieht er aber nichts in sich, so unterlasse er auch zu malen, was er vor sich sieht.
Caspar David Friedrich

Wir haben verlernt, die Augen auf etwas ruhen zu lassen, deshalb erkennen wir so wenig.
Jean Giono

In der Kunst ist das Beste gut genug.
Johann Wolfgang von Goethe

Wer sein Vaterland nicht kennt, hat keinen Maßstab für andere Länder.
Johann Wolfgang von Goethe

Die Natur ist das einzige Buch, das auf allen Blättern großen Inhalt bietet.
Johann Wolfgang von Goethe

Natur und Kunst, die scheinen sich zu fliehen, und haben sich, eh man es denkt, gefunden.
Johann Wolfgang von Goethe

Wer der Dichtkunst Stimme nicht vernimmt, ist ein Barbar, er sei auch, wer er sei.
Johann Wolfgang von Goethe

Wer fremde Sprachen nicht kennt, weiß nichts von seiner eigenen.
Johann Wolfgang von Goethe

Das Absurde mit Geschmack dargestellt, erregt Widerwillen und Bewunderung.
Johann Wolfgang von Goethe

Der Kitsch spricht alles aus, während die Kunst alles nur andeutet. Kitsch ist ein Mangel an Diskretion.
Sigmund Graff

Die Poesie will den Geist verkörpern, die Musik das Sinnliche vergeistigen.
Franz Grillparzer

Die Schönheit ist vollkommene Übereinstimmung des Sinnlichen mit dem Geistigen.
Franz Grillparzer

Kunst üben kann nur der Erkorene, Kunst lieben jeder Erdgeborene.
Anastasius Grün

Wie oft verwechselt man Einfälle mit Ideen!
Friedrich Hebbel

Von Genie, Kunst und Kultur

In der Sprache, die man am schlechtesten spricht, kann man am wenigsten lügen.
Friedrich Hebbel

Große Werke werden nicht durch Stärke, sondern durch Beharrlichkeit vollbracht.
Samuel Johnson

Man muss viel Geschmack haben, um dem seines Zeitalters zu entgehen.
Simon Théodore Jouffroy

Die Malerei ist eine stumme Poesie und die Poesie eine redende Malerei.
Simonides von Keos

Ich betrachte die Musik als die Wurzel aller übrigen Künste.
Heinrich von Kleist

Die Dichtkunst ist die Erinnerung und die Ahnung der Dinge: Was sie feiert, ist noch nicht tot. Was sie besingt, lebt schon.
Alphonse Lamartine

Künstler haben gewöhnlich die Meinung von uns, die wir von ihren Werken haben.
Georg Christoph Lichtenberg

Wenn ein Buch und ein Kopf zusammenstoßen und es klingt hohl, muss das nicht allemal an dem Buche liegen.
Georg Christoph Lichtenberg

Das Genie, jene einzige rein menschliche Macht, vor welcher man ohne Beschämung sein Haupt beugen darf.
Cesare Lombroso

Bücher sind Bienen, die Leben zeugenden Blütenstaub von einem Geist zum anderen tragen.
James Russel Lowell

Kultur erwirbt man nicht, indem man viel liest, sondern indem man klug liest. Ebenso wird die Gesundheit nicht dadurch bewahrt, dass man viel isst, sondern dass man klug isst.
André Malraux

Von Genie, Kunst und Kultur

Die erste Bedingung zu einem Künstler ist, dass er Respekt vor dem Großen habe und sich davor beuge und es anerkenne und nicht die großen Flammen auszupusten versuche, damit das kleine Taglicht ein wenig heller leuchte.
Felix Mendelssohn-Bartholdy

Aus dem Leide schöpft die Kunst die erhabensten Eingebungen.
Michelangelo

Die Kunst gehört keinem Lande an, das Vaterland der Kunst ist der Himmel.
Michelangelo

Schönheit ist empfundener Rhythmus.
Christian Morgenstern

Die Natur ist die große Ruhe gegenüber unserer Beweglichkeit. Darum wird sie der Mensch immer mehr lieben, je feiner und beweglicher er werden wird.
Christian Morgenstern

Man sieht oft etwas hundertmal, tausendmal, ehe man es zum allerersten mal wirklich sieht.
Christian Morgenstern

Bücher sind die treuesten Tröster, Bücher sind bessere Freunde als Menschen, denn sie reden nur, wenn wir wollen, und schweigen, wenn wir anderes vorhaben. Sie geben immer und fordern nie.
Baron Freiherr von Münchhausen

Schönheit ist das von uns erblickte Spiegelbild einer außerordentlichen Freude der Natur.
Friedrich Nietzsche

Wenn auch Bücher nicht gut oder schlecht machen, besser oder schlechter machen sie doch.
Jean Paul

Die Kunst ist zwar nicht das Brot, aber der Wein des Lebens.
Jean Paul

Die Not ist die Mutter der Künste, aber auch die Großmutter der Laster.
Jean Paul

Die Dichtkunst scheint dem Verstand aller derer gefährlich zu sein, die nicht im Besitze des Gegenmittels sind, nämlich der Erkenntnis der wirklichen Welt.
Plato

Von Genie, Kunst und Kultur

Die wahre Schönheit ist nicht die,
die man mit Vergnügen betrachtet,
sondern diejenige, vor der man die
Augen schließen muss.
Ernest Rey

Geh, wohin du willst: Wo du auch
Menschen triffst, überall wird dir ihre
Musik ihr Innerstes erschließen.
Herrmann Ritter

Das Wichtigste ist, Rührung zu
empfinden, zu lieben, zu hoffen, zu
beben, zu leben. Ein Mensch zu sein,
bevor man Künstler ist.
Auguste Rodin

Die Menschheit wird erst glücklich
sein, wenn alle Menschen
Künstlerseelen haben werden, das
heißt, wenn allen ihre Arbeit Freude
macht.
Auguste Rodin

Der Geschmack ist die Kunst, sich
auf Kleinigkeiten zu verstehen.
Jean-Jacques Rousseau

Dem Golde gleicht der Dichtkunst
hohe Gabe; es findet nicht in Massen
sich der Segen, nur eingesprengt,
verstreut auf dunklen Wegen, und ist
oft eines Menschen beste Habe.
Friedrich von Saar

Kannst du nicht allen gefallen durch
deine Taten und dein Kunstwerk,
mach es wenigen recht; vielen
gefallen ist schlimm.
Friedrich von Schiller

Der Künstler ist zwar der Sohn seiner
Zeit, aber schlimm für ihn, wenn
er zugleich ihr Zögling oder gar ihr
Günstling ist.
Friedrich von Schiller

Nur derjenige kann ein Künstler sein,
welcher eine eigene Religion, eine
originelle Ansicht des Unendlichen
hat.
Friedrich Schlegel

Bescheidenheit bei mittelmäßigen
Fähigkeiten ist bloße Ehrlichkeit: Bei
großen Talenten ist sie Heuchelei.
Arthur Schopenhauer

Musik ist die einzige Kunst, durch die
man sein Ego verlieren kann.
Arthur Schopenhauer

Die Kultur setzt Freie voraus. Nur
von diesen kann sie gedacht und
verwirklicht werden.
Albert Schweitzer

Von Genie, Kunst und Kultur

Es hat noch keinen großen Geist ohne Beimischung von Wahnsinn gegeben.
Seneca

Genie ist der auf neue Ideen angewandte gesunde Menschenverstand.
Madame de Stäel

Das Große geschieht so schlicht wie das Rieseln des Wassers, das Fließen der Luft, das Wachsen des Getreides.
Adalbert Stifter

In der Kunst zählt allein das Gelingen. Der gute Wille ist gleich null.
Paul Verlaine

Die Musik ist die Sprache der Leidenschaft.
Richard Wagner

Die Bildnerin des Volkes ist nur die Kunst.
Richard Wagner

Das älteste, echteste und schönste Organ der Musik, das Organ, dem unsere Musik allein ihr Dasein verdankt, ist die menschliche Stimme.
Richard Wagner

Die Kunst hört genau genommen von da an Kunst zu sein auf, wo sie als Kunst in unser reflektierendes Bewusstsein tritt.
Richard Wagner

Die Form ist alles. Sie ist das Geheimnis des Lebens. Gib der Trauer Ausdruck, so ist sie dir teuer. Gib der Freude Ausdruck, so ist sie dir verdoppelt. Beginne mit der Verehrung der Form und kein Geheimnis der Kunst wird dir unentschleiert bleiben.
Oscar Wilde

Von der Bildung und vom Lernen; vom Erfolg im Beruf

Man gibt Almosen, um der Not
abzuhelfen, aber nicht, um die
Faulheit auf die Weide zu treiben.
Aurelius Augustinus

Ein verfehlter Beruf verfolgt uns durch
das ganze Leben.
Honoré de Balzac

Lernen ist wie Rudern gegen den
Strom. Sobald man aufhört, treibt
man zurück.
Benjamin Britten

Wer arbeitet, ist ein subtiler
Selbstmörder und ein Selbstmörder
ist ein Verbrecher und ein Verbrecher
ist ein Schuft, also, wer arbeitet, ist
ein Schuft.
Georg Büchner

Es gibt nichts in der Natur, was
nicht durch Nichtstun verdirbt: Ein
Gewässer ohne Bewegung fault; das
Eisen, dessen man sich nicht bedient,
rostet; das Feld, das man nicht
bebaut, bedeckt sich binnen kurzem
mit Dornen und Unkraut.
Johannes Chrysostomus

Die Bildung ist für die Glücklichen
eine Zierde, für die Unglücklichen
eine Zuflucht.
Demokrit

Der Arbeiter soll seine Pflicht tun, der
Arbeitgeber soll mehr tun als seine
Pflicht.
Marie von Ebner-Eschenbach

Wer nichts weiß, muss alles glauben.
Marie von Ebner-Eschenbach

Man sollte eigentlich nur immer das
lesen, was man bewundert.
Johann Peter Eckermann

Von der Bildung und vom Lernen; vom Erfolg im Beruf

Erfolg hat nur, wer etwas tut, während er auf den Erfolg wartet.
Thomas Alva Edison

Wer nicht mehr strebt, wer nicht mehr lernt, der lasse sich begraben.
Ernst von Feuchtersleben

Arbeite! Strenge dich an! Das ist das Kapital, das dich am wenigsten im Stich lässt.
Jean de La Fontaine

Arbeit ist des Blutes Balsam, Arbeit ist der Tugend Quell.
Henry Ford

Wir behalten von unseren Studien am Ende doch nur das, was wir praktisch anwenden.
Johann Wolfgang von Goethe

Wer sich nicht nach der Decke streckt, dem bleiben die Füße unbedeckt.
Johann Wolfgang von Goethe

Nichts kommt ohne Interesse zustande.
Friedrich Hegel

Die Bildung kommt nicht vom Lesen, sondern vom Nachdenken über das Gelesene.
Carl Hilty

Von der Bildung und vom Lernen; vom Erfolg im Beruf

Lehren heißt: die Dinge zweimal lernen.
Joseph Joubert

Lernen, ohne zu denken, ist eitel. Denken, ohne zu lernen, gefährlich.
Konfuzius

Ruhm liegt nicht darin, niemals zu fallen, sondern jedes Mal wieder aufzustehen, wenn wir gescheitert sind.
Konfuzius

Bildung ist jenseits aller Standesunterschiede.
Konfuzius

Fordere viel von dir selbst und erwarte wenig von anderen. So wird dir Ärger erspart bleiben.
Konfuzius

Es wäre wenig in der Welt unternommen worden, wenn man immer nur auf den Ausgang gesehen hätte.
Gotthold Ephraim Lessing

Was hilft aller Sonnenaufgang, wenn wir nicht aufstehen?
Georg Christoph Lichtenberg

Vieles Lesen macht stolz und pedantisch; viel sehen macht weise, verträglich und nützlich.
Georg Christoph Lichtenberg

Wenn einer meint, er lerne noch, so kommt sein Witz empor; wenn einer meint, er sei gelehrt, so wird er jetzt ein Tor.
Friedrich von Logau

Nicht viel lesen, sondern gut Ding viel und oft lesen macht fromm und klug dazu.
Martin Luther

Von der Bildung und vom Lernen; vom Erfolg im Beruf

Wer jede Entscheidung zu schwer nimmt, kommt zu keiner.
Harold Macmillan

Lob allein nützt einem nicht viel; da muss noch etwas Solideres hinzukommen.
Molière

Viele Menschen erkaufen sich die Hölle mit so großer und schwerer Arbeit, dass sie sich mit der Hälfte derselben den Himmel hätten kaufen können.
Thomas Morus

Wer von Anfang an weiß, wohin ihn der Weg führt, bringt es nie weit.
Napoleon I.

Ich habe mich immer bemüht, eine Viertelstunde zu früh zu sein. Und das hat mich zum Mann gemacht.
Horatio Nelson

Was wir wissen, ist ein Tropfen. Was wir nicht wissen, ist ein Ozean.
Isaac Newton

Der Beruf ist das Rückgrat des Lebens.
Friedrich Nietzsche

Befehlen ist schwerer als gehorchen.
Friedrich Nietzsche

Von der Bildung und vom Lernen; vom Erfolg im Beruf

Nicht das, was wir beginnen, zählt, sondern das, was wir fertig bringen.
Emil Oesch

Man gibt seine Kinder auf die Schule, damit sie still werden, auf die Hochschule, dass sie laut werden.
Jean Paul

In der Welt lernt der Mensch nur aus Not oder Überzeugung.
Johann Heinrich Pestalozzi

Man darf Erfolg haben und Zuneigung erobern nicht miteinander verwechseln.
Sully Prudhomme

Erst durch Lesen lernt man, wie viel man ungelesen lassen kann.
Wilhelm Raabe

Tüchtiges Schaffen, das hält auf Dauer kein Gegner aus.
Peter Rosegger

Die Beleidigungen sind die Argumente jener, die über keine Argumente verfügen.
Jean-Jacques Rousseau
Aufmerksamkeit, mein Sohn, ist, was ich dir empfehle; bei dem, wobei du bist, zu sein mit ganzer Seele.
Friedrich Rückert

Von der Bildung und vom Lernen; vom Erfolg im Beruf

Lesen heißt, mit einem fremden Kopf statt dem eigenen denken.
Arthur Schopenhauer

Natürlicher Verstand kann fast jeden Grad von Bildung ersetzen, aber keine Bildung den natürlichen Verstand.
Arthur Schopenhauer

Solange sich ein Mensch einbildet, etwas nicht tun zu können, solange ist es ihm unmöglich, es zu tun.
Baruch de Spinoza

Wer nicht kann, was er will, muss das wollen, was er kann. Denn das zu wollen, was er nicht kann, wäre töricht.
Leonardo da Vinci

Vom Schlechten kann man nie zu wenig und das Gute nie zu oft lesen.
Arthur Schopenhauer

Nicht für die Schule, sondern für das Leben lernen wir!
Seneca

Es ist besser, in Ehren zu versagen, als durch Betrug erfolgreich zu sein.
Sophokles

Wir leben in einer Zeit, die zu viel arbeitet und zu wenig erzogen ist, in einer Zeit, wo die Leute vor Fleiß verrückt werden.
Oscar Wilde

Der Gedanke ist eine Kraft, ebenso wie die Elektrizität oder die Schwerkraft.
Yogânanda

Vom Mensch in der Gesellschaft, Politik und Gemeinschaft

Die Umgebung, in der der Mensch sich den größten Teil des Tages aufhält, bestimmt seinen Charakter.
Antiphon

Ein Vaterland ist jedes Land, wo es einem gut geht.
Aristophanes

Höflichkeit ist Staatspapier des Herzens, das oft umso größere Zinsen trägt, je unsicherer das Kapital ist.
Ludwig Börne

Macht ist kein Beharren, sondern eine Gier.
Jakob Burckhardt

Ergib dich nicht der Stimmung dessen, der dich beleidigt. Und folge nicht dem Weg, auf den er dich schleppen möchte.
Marc Aurel

Ungerechtigkeit besteht nicht weniger im Unterlassen als im Handeln.
Marc Aurel

Armut ist eine Sandbank, Reichtum ein Felsen im Meer des Lebens. Die Glücklichen schiffen hindurch.
Ludwig Börne

Die Abwesenden haben immer Unrecht.
Casanova

Es gibt Zeiten, wo die öffentliche Meinung die schlechteste aller Meinungen ist.
Sébastien Nicolas Roch Chamfort

Vom Mensch in der Gesellschaft, Politik und Gemeinschaft

Erscheine niemals weiser oder gebildeter als die Gesellschaft, in der du dich gerade aufhältst. Behandle deine Gelehrsamkeit wie eine Taschenuhr und halte sie verborgen. Ziehe sie nicht heraus, um die Stunden zu zählen, aber sage, wie viel Uhr es ist, wenn du danach gefragt wirst.
Philip Chesterfield

Oft ist der Mensch sich selbst sein größter Feind.
Cicero

Rede nur, wenn du gefragt wirst, aber lebe so, dass man dich fragt!
Paul Claudel

Die Freiheit besteht darin, dass man alles tun kann, was einem anderen nicht schadet.
Matthias Claudius

Der Wohlgemute, der sich stets dazu getrieben fühlt, nach Recht und Gesetz zu handeln, ist heiter und stark und ohne Sorgen bei Tag und Nacht. Wer aber das Recht missachtet und nicht seine Pflicht tut, dem wird das alles zum Ekel, wenn er sich an irgendeine seiner schlechten Handlungen erinnert; er ist in steter Angst und verwünscht sich selber.
Demokrit

Vom Mensch in der Gesellschaft, Politik und Gemeinschaft

Die Menschen, denen wir eine Stütze sind, geben uns den Halt im Leben.
Marie von Ebner-Eschenbach

Überlege einmal, bevor du gibst, zweimal, bevor du annimmst, und tausendmal, bevor du verlangst.
Marie von Ebner-Eschenbach

Was würde viel weniger Böses auf Erden getan, wenn das Böse niemals im Namen des Guten getan werden könnte.
Marie von Ebner-Eschenbach

Das Talent zu herrschen täuscht oft
über den Mangel an anderem Talent.
Marie von Ebner-Eschenbach

Suche immer zu nützen! Suche nie,
dich unentbehrlich zu machen.
Marie von Ebner-Eschenbach

Wenn jeder dem anderen helfen
wollte, wäre allen geholfen.
Marie von Ebner-Eschenbach

Vom Mensch in der Gesellschaft, Politik und Gemeinschaft

Merkmal großer Menschen ist, dass sie an andere weit geringere Anforderungen stellen als an sich selbst.
Marie von Ebner-Eschenbach

Es würde viel weniger Böses auf Erden getan, wenn das Böse niemals im Namen des Guten getan werden könnte.
Marie von Ebner-Eschenbach

Das unfehlbarste Mittel, Autorität über die Menschen zu gewinnen, ist, sich ihnen nützlich zu machen.
Marie von Ebner-Eschenbach

Die euch Hass predigen, erlösen euch nicht.
Marie von Ebner-Eschenbach

Vom Mensch in der Gesellschaft, Politik und Gemeinschaft

Nichts wird Kriege abschaffen,
wenn nicht die Menschen selbst den
Kriegsdienst verweigern.
Albert Einstein

Von Natur gibt es weder
Gutes noch Böses,
sondern den
Unterschied hat die
menschliche Meinung
gemacht.
Sextus Empiricus

Nicht Sprüche
sind es, woran es
fehlt; die Bücher
sind voll davon. Woran
es fehlt, sind Menschen,
die sie anwenden.
Epiktet

Sprich nicht davon, wie man essen
soll, sondern iss, wie man soll!
Epiktet

Tue nichts im Leben, was dich
beschämt, wenn es dein Nachbar
bemerken würde.
Epikur

Man soll den Umgang solcher
Menschen suchen, denen gegenüber
man sich zusammennehmen muss.
Ernst von Feuchtersleben

An der guten Laune unserer
Umgebung hängt unser Lebensglück.
Theodor Fontane

Wenn man jemandem alles verziehen
hat, ist man mit ihm fertig.
Sigmund Freud

Was einer nicht öffentlich tun darf,
soll er auch nicht heimlich tun.
Friedrich der Schöne

Vom Mensch in der Gesellschaft, Politik und Gemeinschaft

Die erste Bedingung, um mit anderen in Frieden leben zu können, ist die, mit sich selbst in Frieden zu sein.
Aristide Gabelli

Es ist kein Verdienst, wenn ein Hindu den Hindu liebt. Wert und Tugend kommt ihm zu, wenn der Hindu seinen Bruder Mohammedaner mit gleicher Liebe liebt und seine Gebräuche und Vorurteile erträgt.
Mahatma Gandhi

Geiz ist Grausamkeit gegen die Bedürftigen und die Verschwendung ist es nicht weniger.
Christian Fürchtegott Gellert

Wenn man einem Menschen vertrauen kann, erübrigt sich ein Vertrag. Wenn man ihm nicht trauen kann, ist ein Vertrag nutzlos.
Paul Getty

Wer nichts für andere tut, tut nichts für sich.
Johann Wolfgang von Goethe

Was wäre aus mir geworden, wenn ich nicht gelernt hätte, die Meinung anderer zu respektieren?
Johann Wolfgang von Goethe

Die Menschen werden durch Gesinnungen vereinigt, durch Meinungen getrennt.
Johann Wolfgang von Goethe

Vom Mensch in der Gesellschaft, Politik und Gemeinschaft

Wer was gelten will, muss andere gelten lassen.
Johann Wolfgang von Goethe

Man lasse sich nicht durch Autorität imponieren, durch allgemeine Übereinstimmung bedrängen und durch Mode hinreißen!
Johann Wolfgang von Goethe

Wer die Menschen behandelt, wie sie sind, macht sie schlechter. Wer die Menschen aber behandelt, wie sie sein könnten, macht sie besser.
Johann Wolfgang von Goethe

Der Mensch, der in Bedrängnis und Unglück ist, sucht die Gemeinschaft anderer Menschen; der Glückliche vergisst die anderen.
Francesco Domenico Guerrazzi

Verallgemeinerungen sind Lügen.
Gerhart Hauptmann

Man darf nicht das Gras wachsen hören, sonst wird man taub.
Gerhart Hauptmann

Vom Mensch in der Gesellschaft, Politik und Gemeinschaft

Um jemandem leichter vergeben zu können, muss man eine kleine Sünde gegen ihn begehen, damit er auch etwas zu vergeben habe.
Friedrich Hebbel

Der Charakter ist eines Menschen Leitstern.
Heraklit

Man muss beim Umgang mit Menschen immer auf den ganzen Menschen sehen, nur so wird man ihn im Einzelnen verstehen, nur so sein Wesen und seine Handlungen wahrhaft würdigen können.
Otto Heuschele

Wer sich an andere hält, dem wankt die Welt. Wer auf sich selber ruht, steht gut.
Paul Heyse

Freiheit ist politische Macht, geteilt in kleine Stücke.
Thomas Hobbes

Wer im Verkehr mit Menschen die Manieren einhält, lebt von den Zinsen; wer sich über sie hinwegsetzt, greift sein Kapital an.
Hugo von Hofmannsthal

Vom Mensch in der Gesellschaft, Politik und Gemeinschaft

Die Menschen bezahlen die Vermehrung ihrer Macht mit der Entfremdung von dem, worüber sie Macht ausüben.
Max Horkheimer

Toleranz darf nicht bestehen gegenüber der Intoleranz, wenn diese nicht als ungefährliche, private Verschrobenheit gleichgültig behandelt werden darf. Es darf keine Freiheit geben zur Zerstörung der Freiheit.
Karl Jaspers

Der Friede ist das Meisterstück der Vernunft.
Immanuel Kant

Vergleichen ist das Ende des Glücks und der Anfang der Unzufriedenheit.
Sören Kierkegaard

Macht allein ist blind gegen alle Werte, blind gegen Wahrheit und Recht und, wo sie diese noch zulassen muss, ganz gewiss blind gegen Schönheit und Leben.
Ludwig Klages

Beginne an keinem Tag deine Arbeit, ehe du einem Menschen ein gutes Wort gesagt hast.
Ludwig Köhler

Von Natur aus sind die Menschen fast gleich; erst ihre Gewohnheiten entfernen sie voneinander.
Konfuzius

Güte vergelte ich mit Güte, Feindschaft aber mit Gerechtigkeit.
Konfuzius

Wer selbst korrekt ist, der setzt sich durch, auch ohne zu befehlen.
Konfuzius

Der noblere Mann stellt die Stärken anderer heraus und betont nicht die Schwächen. Der geringere tut das Gegenteil.
Konfuzius

Vom Mensch in der Gesellschaft, Politik und Gemeinschaft

Der höhere Mensch empfindet keine Verbitterung darüber, wenn ihn die Menschen nicht beachten.
Konfuzius

Es gibt eine Zuverlässigkeit, die nicht erst Worte machen muss; es gibt einen Respekt, der nicht erst durch Handlungen hervorgerufen wird; es gibt eine Güte, die nicht erst wohl zu tun braucht; das ist die Gesinnung.
Konfuzius

Die Männer des Altertums, die dem ganzen Reich ein Beispiel der Tugend sein wollten, brachten zuerst ihr eigenes Fürstentum in Ordnung. Wollten sie ihr Fürstentum in Ordnung bringen, so ordneten sie zuerst ihre Familie. Wollten sie ihre Familie ordnen, so kultivierten sie zunächst ihren Charakter. Wollten sie ihren Charakter kultivieren, so läuterten sie zunächst ihr Herz.
Konfuzius

Ehrerbietung ohne Form wird Kriecherei, Vorsicht ohne Form wird Furchtsamkeit, Mut ohne Form wird Auflehnung, Aufrichtigkeit ohne Form wird Grobheit.
Konfuzius

Auch der Geringste kann dir einst von Nutzen sein.
August Heinrich Julius Lafontaine

Der des Lebens Sinn kennt, hält sich an seine Verpflichtung; der des Lebens Sinn nicht kennt, hält sich an das Fordern.
Laotse

Wahre Worte sind nicht schön, schöne Worte sind nicht wahr. Tüchtigkeit überredet nicht, Überredung ist nicht tüchtig. Der Weise ist nicht gelehrt, der Gelehrte ist nicht weise. Der Berufene häuft keinen Besitz auf. Je mehr er für andere tut, desto mehr besitzt er. Je mehr er anderen gibt, desto mehr hat er.
Lau Dan

Vom Mensch in der Gesellschaft, Politik und Gemeinschaft

Schau auf niemand herab und wirf dich selbst nicht für nichts weg.
Johann Kasper Lavater

Unsere Gegner sind Lehrer, die uns nichts kosten.
Ferdinand de Lesseps

Der oft unüberlegten Hochachtung gegen alte Gesetze, alte Gebräuche und alte Religionen hat man alles Übel in der Welt zu verdanken.
Georg Christoph Lichtenberg

Viele Menschen sehen die Tugend mehr im Bereuen der Fehler als im Vermeiden.
Georg Christoph Lichtenberg

Es ist unmöglich, die Fackel der Wahrheit durchs Gedränge zu tragen, ohne jemandem den Bart zu versengen.
Georg Christoph Lichtenberg

Wer sich entschuldigt, eh man klaget, der gibt sich selbst zum Täter an.
Magnus Gottfried Lichtwehr

Niemand ist gut genug, einen anderen ohne dessen Zustimmung zu regieren.
Abraham Lincoln

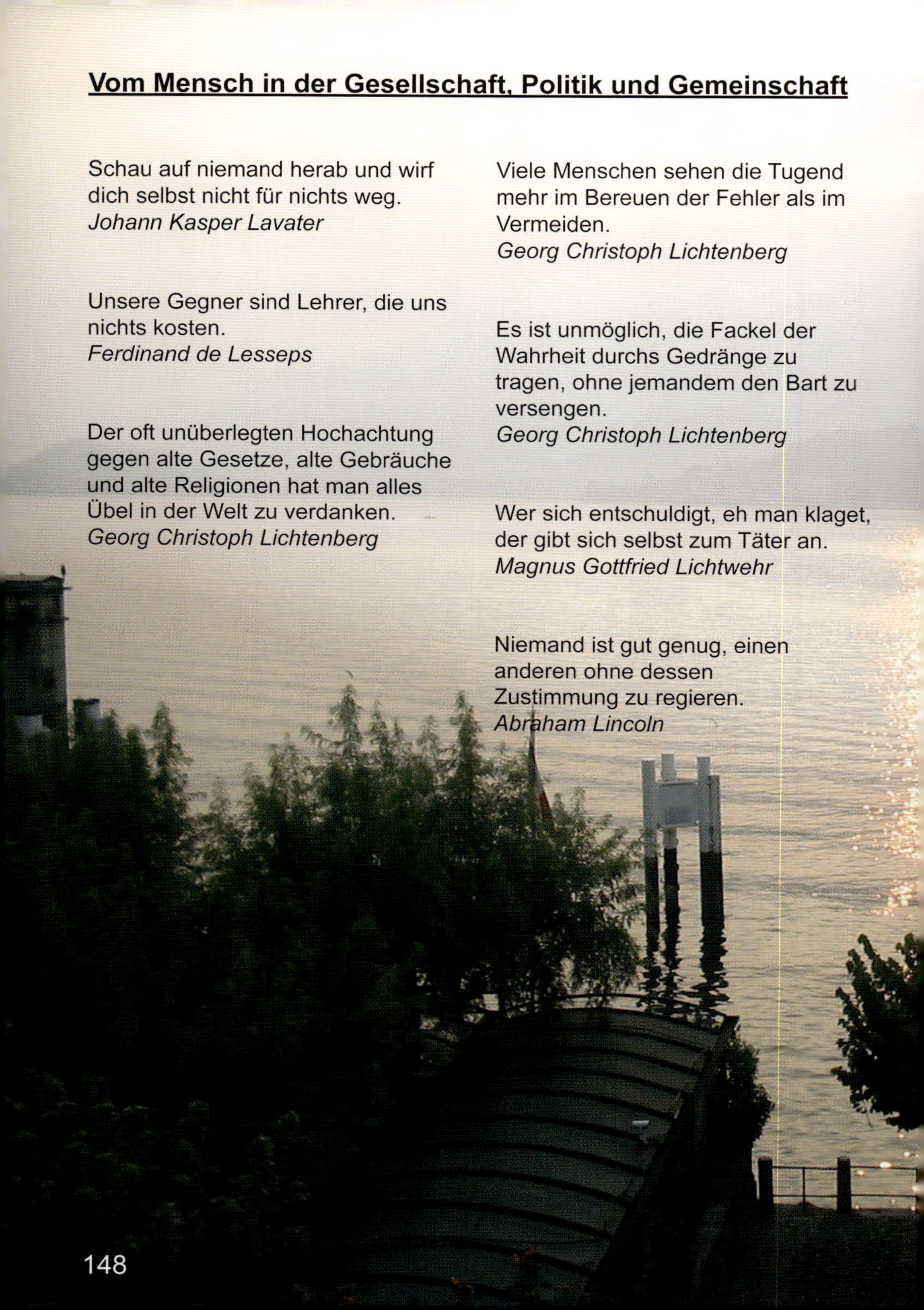

Vom Mensch in der Gesellschaft, Politik und Gemeinschaft

Nichts ist geregelt, was nicht gerecht geregelt ist.
Abraham Lincoln

Lange zwar ist der Betrug klüger als die Redlichkeit, endlich aber kommt die Zeit, dass er doch nicht klug genug.
Friedrich von Logau

Wer die Welt verbessern will, der fange bei sich selber an.
Ignatius von Loyola

Wer ein gutes Echo hervorbringen kann, achtet nicht auf das Echo, sondern auf den Ton. Wer einen schönen Schatten werfen kann, achtet nicht auf den Schatten, sondern auf den Körper. Wer das Weltreich handhaben kann, achtet nicht auf das Weltreich, sondern auf sich selbst.
Lü Bu We

Rechte Demut weiß nimmer, dass sie demütig ist; denn wo sie es wüsste, so würde sie hochmütig.
Martin Luther

Freiheit ist immer die Freiheit des anders Denkenden.
Rosa Luxemburg

Vom Mensch in der Gesellschaft, Politik und Gemeinschaft

Der Alltag der meisten Menschen ist stilles Heldentum in Raten.
Anna Magnani

Ideen können überhaupt nichts ausführen. Zum Ausführen der Ideen bedarf es Menschen, welche eine politische Gewalt aufbieten.
Karl Marx

Mögen wir noch so viele Eigenschaften haben, die Welt achtet vor allem auf unsere schlechten.
Molière

Wer andere liebt und sie sind ihm nicht zugetan, der prüfe seine Liebe. Wer andere regiert und sie lassen sich nicht regieren, der prüfe seine Weisheit. Wer andere höflich behandelt und sie erwidern seine Höflichkeit nicht, der prüfe seine Achtung.
Mong Dsi

Alles Vorwärts der Menschheit geht auf Kosten ihres Einwärts.
Christian Morgenstern

Das beste Mittel, jeden Tag gut zu beginnen, ist: beim Erwachen daran zu denken, ob man nicht wenigstens einem guten Menschen an diesem Tag eine Freude machen könnte.
Friedrich Nietzsche

Der Mensch, der krank zu Bette liegt, kommt mitunter dahinter, das er für gewöhnlich an seinem Amte, Geschäfte oder seiner Gesellschaft krank ist und durch sie jede Besonnenheit über sich verloren hat: Er gewinnt diese Weisheit aus der Muße, zu welcher ihn seine Krankheit zwingt.
Friedrich Nietzsche

Vom Mensch in der Gesellschaft, Politik und Gemeinschaft

„Das habe ich getan“, sagt mein Gedächtnis. „Das kann ich nicht getan haben“, sagt mein Stolz und bleibt unerbittlich. Endlich – gibt das Gedächtnis nach.
Friedrich Nietzsche

Idealist sein heißt: Kraft haben für andere.
Novalis

Der Mensch besteht in der Wahrheit, gibt er die Wahrheit preis, so gibt er sich selbst preis. Wer die Wahrheit verrät, verrät sich selbst. Es ist hier nicht die Rede vom Lügen, sondern vom Handeln gegen die Überzeugung.
Novalis

Es gibt zwei Klassen von Menschen, die Gerechten und die Ungerechten. Die Einteilung wird von den Gerechten gemacht.
Blaise Pascal

Die Gerechtigkeit ist ohnmächtig ohne die Macht; die Macht ist tyrannisch ohne die Gerechtigkeit. Man muss also die Gerechtigkeit und die Macht vereinigen; und dazu muss man bewirken, dass das mächtig sei, was gerecht ist, oder dass gerecht sei, was mächtig ist.
Blaise Pascal

Der Mensch als Masse hat keine Tugend; nur das Individuum hat sie – der Staat als solcher hat keine; er hat nur die Kraft, die Tugend der Individuen zu benutzen.
Johann Heinrich Pestalozzi

Meinung ändert keine Tatsache.
Francesco Petrarca

Die Gründe für eine Bitte angeben, ist auch eine Bitte, und zwar die wirksamste von allen.
Plinius der Jüngere

Vom Mensch in der Gesellschaft, Politik und Gemeinschaft

Das Schlimmste unter den wilden Tieren ist der Tyrann, unter den zahmen der Schmeichler.
Plutarch

Der Versuch, den Himmel auf Erden zu verwirklichen, produzierte stets die Hölle.
Karl Popper

Noch schwieriger als ein geordnetes Leben führen, ist, es anderen nicht aufzuzwingen.
Marcel Proust

Was alle trifft, erträgt man leichter.
Karl Wilhelm Ramler

Wollt ihr die Unterschiede vernichten, hütet euch, dass ihr nicht das Leben tötet.
Leopold von Ranke

Vom Mensch in der Gesellschaft, Politik und Gemeinschaft

Man behält immer die Spuren seiner Abstammung.
Ernest Renan

Um es in der Welt zu etwas zu bringen, muss man tun, als habe man es zu etwas gebracht.
François de La Rochefoucauld

Fehler sind fast immer verzeihlicher als die Mittel, durch die man sie zu verdecken sucht.
François de La Rochefoucauld

Liebe zur Gerechtigkeit ist bei den meisten Menschen nur Furcht, Ungerechtigkeit zu erleiden.
François de La Rochefoucauld

Man verachtet nicht alle, welche Laster haben, wohl aber jeden, der eine Tugend hat.
François de La Rochefoucauld

Nie drohe man zuerst mit der Faust und dann mit dem Finger.
Theodore Roosevelt

Vom Mensch in der Gesellschaft, Politik und Gemeinschaft

Auf seine Freiheit zu verzichten, heißt, auf seine Menschenwürde, Menschenrechte, selbst auf seine Pflichten zu verzichten.
Jean-Jacques Rousseau

Das Gute liegt nicht in Systemen, sondern im Menschen.
Jean-Jacques Rousseau

Die Freiheit des Menschen liegt nicht darin, dass er tun kann, was er will, sondern dass er nicht tun muss, was er nicht will.
Jean-Jacques Rousseau

Große Männer treiben keinen Missbrauch mit ihrer Überlegenheit; sie sehen sie, sie fühlen sie und sind deshalb nicht weniger bescheiden. Je mehr Überlegenheit sie besitzen, desto mehr sind sie ihrer eigenen Unzulänglichkeiten gewärtig.
Jean-Jacques Rousseau

Niemand hört dir gläubig zu, wenn du beginnst: „Ich bin klüger als du!“
Friedrich Rückert

Der große Jammer mit den Menschen ist, dass sie so genau wissen, was man ihnen schuldet, und so wenig Empfindungen dafür haben, was sie den anderen schulden.
Franz von Sales

Vom Mensch in der Gesellschaft, Politik und Gemeinschaft

Wenn die Menschen ebenso viel Sorge um das Gute hätten, wie sie sich eifrig um Verkehrtes und Wertloses, ja vielleicht sogar Gefährliches bemühen, würden sie so weniger die Sklaven als vielmehr die Herren ihres Geschickes sein und sich zu einer solchen Größe erheben, dass sie durch ihren Ruhm aus Sterblichen unsterblich werden würden.
Sallust

Solange es Menschen gibt, die das verbrauchen, was sie nicht brauchen, wird es immer Menschen geben, die das nicht haben, was sie brauchen.
Johann Schicht

Jede politische Erneuerung bleibt ein politischer Traum, wenn nicht der Charakter der Bürger erneuert wird!
Friedrich von Schiller

Wie wohl ist einem Menschen, dem die Freiheit des anderen heilig ist.
Friedrich von Schiller

Wo viel Freiheit ist, ist viel Irrtum; doch sicher ist der schmale Weg der Pflicht.
Friedrich von Schiller

Die Freiheit ist der Spielraum, den uns die Macht lässt.
Lothar Schmidt

Vom Mensch in der Gesellschaft, Politik und Gemeinschaft

Überlegenheit im Umgang erwächst allein daraus, dass man den anderen in keiner Art und Weise bedarf und dies sehen lässt.
Arthur Schopenhauer

Bei gleicher Umgebung lebt doch jeder in einer anderen Welt.
Arthur Schopenhauer

Wie das Wachs, von Natur hart und spröde, durch ein wenig Wärme so geschmeidig wird, dass es jede beliebige Gestalt annimmt, so kann man selbst störrische und feindselige Menschen durch etwas Höflichkeit und Freundlichkeit biegsam und gefällig machen. Sonach ist die Höflichkeit dem Menschen, was die Wärme dem Wachs.
Arthur Schopenhauer

Viel zu viel Wert auf die Meinung anderer zu legen, ist ein allgemein herrschender Wahn.
Arthur Schopenhauer

Den Gebrauch der Kräfte, die man hat, ist man denen schuldig, die sie nicht haben.
Carl Schwarz

Nicht auf das, was geistreich, sondern auf das, was wahr ist, kommt es an.
Albert Schweitzer

Kraft macht keinen Lärm. Sie ist da und wirkt. Wahre Ethik fängt an, wo der Gebrauch der Worte aufhört.
Albert Schweitzer

Vom Mensch in der Gesellschaft, Politik und Gemeinschaft

Das gute Beispiel ist nicht eine Möglichkeit, andere Menschen zu beeinflussen, es ist die einzige.
Albert Schweitzer

Alle Menschen tragen im Innern die Empfindung der Könige: Sie wünschen, dass sie alles gegen die anderen vermöchten, die anderen aber nichts gegen sie.
Seneca

Der, der dich verletzt hat, war entweder stärker oder schwächer als du. Wenn schwächer, schone ihn, war er stärker, schone dich.
Seneca

Wer allen allzu sehr bekannt ist, stirbt unbekannt sich selbst.
Seneca

Worin besteht der Vorzug der Tugend? Darin, dass sie nicht des Zukünftigen bedarf und ihre Tage nicht zu zählen braucht. Die kleinste Zeitspanne reicht aus, um die ewigen Güter voll zur Geltung zu bringen. Dies scheint uns unglaublich, scheint uns die Grenze der menschlichen Natur zu überschreiten. Denn wir machen die eigene Schwäche zum Maßstab ihrer Erhabenheit und legen unseren Schwächen den Namen der Tugend bei.
Seneca

Nicht weil es schwer ist, wagen wir's nicht, sondern weil wir's nicht wagen, ist es schwer.
Seneca

Vom Mensch in der Gesellschaft, Politik und Gemeinschaft

Aus Gefälligkeit werden weit mehr zu Schurken als aus schlechten Grundsätzen.
Johann Gottfried Seume

Denn nicht genug, dem Schwachen aufzuhelfen. Auch stützen muss man ihn.
William Shakespeare

Im Fall der Gegenwehr ist es am besten, den Feind für mächt'ger zu halten, als er scheint.
William Shakespeare

Mensch, werde wesentlich: denn wenn die Welt vergeht, so fällt der Zufall weg, das Wesen, das besteht.
Angelus Silesius

Achten die Menschen sich selbst, so achten sie gewöhnlich auch die fremde Persönlichkeit.
Samuel Smiles

Wen das Wort nicht schlägt, den schlägt auch der Stock nicht.
Sokrates

Kein Zeuge ist so schrecklich, kein Ankläger so machtvoll wie das Gewissen, das in uns wohnt.
Sophokles

Die Menschen soll man dazu erziehen, den Nächsten so zu behandeln, als ob er in acht Tagen eine Leiche wäre.
Alban Stolz

Vom Mensch in der Gesellschaft, Politik und Gemeinschaft

Autorität wie Vertrauen werden durch nichts mehr erschüttert als durch das Gefühl, ungerecht behandelt zu werden.
Theodor Storm

Am Ende pflegen die Idealisten doch Recht zu behalten, wenn auch mitunter vielleicht hundert Jahre, nachdem sie begraben sind.
Theodor Storm

Wer kann erwarten, die Menschheit werde gute Ratschläge befolgen, wenn sie nicht einmal Warnungen zur Kenntnis nimmt?
Jonathan Swift

Verurteile niemanden, bevor du nicht in seiner Lage warst.
Talmud

Wer verspricht, macht Schulden.
Talmud

Die Freiheit des Menschen besteht darin, dass er die Entscheidung sucht, auch wenn sie gegen ihn fallen sollte.
Frank Thiess

Geduld verlieren heißt Würde verlieren.
Tiruvalluvar

Was kümmert es den Mann in der Sänfte, wer die Sänfte trägt?
Tschu-En-Lai

Wir lieben Menschen, die frei heraus sagen, was sie denken. Sofern sie genauso denken wie wir.
Mark Twain

Vom Mensch in der Gesellschaft, Politik und Gemeinschaft

Freundlichkeit ist eine Sprache, die Taube hören und Blinde lesen können.
Mark Twain

Tu immer recht. Das wird einige Leute dankbar machen und den Rest in Erstaunen versetzen.
Mark Twain

Ich mag verdammen, was du sagst, aber ich werde mein Leben dafür einsetzen, dass du es sagen darfst.
Voltaire

Wer seinen Nächsten verurteilt, der kann irren. Wer ihm verzeiht, der irrt nie.
Karl Heinrich Waggerl

Die Eitelkeit ist der Stolz des Schwachen.
Karl Julius Weber

Der Mensch hat zwei Vaterländer, eines der Geburt und eines des Schicksals, wo er lebt und stirbt. In der Regel liebt man die gute Mutter mehr als den strengen Vater.
Karl Julius Weber

Die Welt hat sich auf die Begriffe Rechts und Links versteift und dabei vergessen, dass es auch ein Oben und Unten gibt.
Franz Werfel

Ein Enthusiast sein ist das Liebenswürdigste, Edelste und Beste, was ein Sterblicher sein kann.
Christoph Martin Wieland

Unzufriedenheit ist die erste Stufe zum Fortschritt: für den Einzelnen wie für die Nation.
Oscar Wilde

Ein Zyniker ist ein Mann, der den Preis von allem und den Wert von nichts kennt.
Oscar Wilde

Von der Zeit und dem Umgang damit

Wenn du die Zeit nicht zur Aufheiterung deiner Seele verwendest, wird sie entschwinden und du wirst entschwinden und ein zweites Mal wird es nicht möglich sein, sie zu verwenden.
Marc Aurel

Die Erfahrung gleicht einer unerbittlichen Schönen. Jahre gehen vorüber, bis du sie gewinnst und ergibt sie sich endlich, seid ihr beide alt geworden und ihr könnt euch nicht mehr brauchen.
Ludwig Börne

Das meiste haben wir gewöhnlich in der Zeit getan, in der wir meinen, nichts getan zu haben.
Marie von Ebner-Eschenbach

Die Herrschaft über den Augenblick ist die Herrschaft über das Leben.
Marie von Ebner-Eschenbach

Von der Zeit und dem Umgang damit

Wenn die Zeit kommt, in der man könnte, ist die vorüber, in der man kann.
Marie von Ebner-Eschenbach

Menschen, die nach immer größerem Reichtum jagen, ohne sich jemals Zeit zu gönnen, ihn zu genießen, sind wie Hungrige, die immerfort kochen, sich aber nie zu Tische setzen.
Marie von Ebner-Eschenbach

Was verkürzt mir die Zeit? Tätigkeit. Was macht sie unerträglich lang? Müßiggang. Was bringt zu Schulden? Harren und Dulden. Was macht gewinnen? Nicht lange besinnen.
Johann Wolfgang von Goethe

Gebraucht der Zeit, sie geht so schnell von hinnen, doch Ordnung lehrt euch Zeit gewinnen!
Johann Wolfgang von Goethe

Der kommt am weitesten, der anfangs selbst nicht weiß, wie weit er kommen werde, dafür aber jeden Umstand, den ihm die Zeit gewährt, nach festen Maßregeln gebraucht.
Johann Gottfried von Herder

Die Kürze des Lebens verbietet uns, lange Hoffnungen zu haben.
Horaz

Alle menschlichen Fehler sind Ungeduld.
Franz Kafka

Verbringe nicht die Zeit mit der Suche nach einem Hindernis, vielleicht ist keines da.
Franz Kafka

Was der Zeit unterworfen ist, das gebrauche; was ewig ist, danach strebe.
Thomas von Kempen

Die Leute, die niemals Zeit haben, tun am wenigsten.
Georg Christoph Lichtenberg

Wer die Zeit verklagen will, dass so zeitig sie verraucht, der verklage sich nur selbst, dass er sie nicht zeitig braucht.
Friedrich von Logau

Die Weisesten verstehen die Zukunft, die weniger Weisen die Vergangenheit, die noch weniger Weisen die Gegenwart.
Lü Bu We

Durch die Weisheit erkennt man den Wandel der Zeit. Erkennt man den Wandel der Zeit, so weiß man den Wechsel von Fülle und Leere, Blüte und Untergang abzuschätzen; so weiß man, was man zuerst zu tun hat und was danach, was man in der Ferne zu tun hat und was in der Nähe, wem man sich zuzuwenden hat und was man zu lassen hat.
Lü Bu We

Der Weise scheint in seinem Handeln langsam und ist doch schnell, er scheint zögernd und ist doch geschwind. Er wartet nämlich auf die rechte Zeit.
Lü Bu We

Die Glücklichen bedauern die Kürze der Tage, die Traurigen ermüden vom Schleichen der Jahre. Wer aber frei ist von Freude und Leid, für den gilt nicht „kurze" noch „lange" Zeit.
Po Chü-I

Was ist der größte Zeitverlust? – Das Stundenzählen. Was hat es für einen Vorteil? Die gröblichste Torheit ist doch, sich nach einem Glockenschlag zu richten, statt nach Bedürfnis und Verstand.
François Rabelais

Dein Vergangenes ist ein Traum und dein Künftiges ist ein Wind. Hasche den Augenblick, der ist zwischen den beiden, die nicht sind.
Friedrich Rückert

Man kann nicht in die Zukunft schauen, aber man kann den Grund für etwas Zukünftiges legen – denn Zukunft kann man bauen.
Antoine de Saint-Exupéry

Ein wichtiger Punkt der Lebensweisheit besteht in dem richtigen Verhältnis, in welchem wir unsere Aufmerksamkeit teils der Gegenwart, teils der Zukunft widmen, damit nicht die eine uns die andere verderbe. Viele leben zu sehr in der Gegenwart: die Leichtsinnigen; andere zu sehr in der Zukunft: die Ängstlichen und Besorglichen.
Arthur Schopenhauer

Es ist nicht wenig Zeit, was wir haben, sondern es ist viel, was wir nicht nützen.
Seneca

Es ist einerlei, wie viel Zeit den Vielgeschäftigen gegeben sein mag, wenn kein Punkt da, wo sie haften bleibt; durch schadhafte und durchlöcherte Seelen rinnt sie hindurch.
Seneca

Von der Zeit und dem Umgang damit

Jeder einzelne Tag ist wie eine Stufe des Lebens.
Seneca

Betrachte jeden Tag, als könnte er der letzte sein.
Seneca

Der größte Verlust fürs Leben ist das Hinausschieben; es verträumt immer den ersten Tag und entreißt die Gegenwart, indem es auf die Zukunft verweist. – Aber alles, was kommen wird, steht unsicher: Lebe für den Augenblick!
Seneca

Wenn du dein Heute fest in die Hände nimmst, wirst du vom Morgen weniger abhängig sein.
Seneca

Du selber machst die Zeit, das Uhrwerk sind die Sinnen. Hemmst du die Unruh nur, so ist die Zeit von hinnen.
Angelus Silesius

Managerkrankheit ist eine Epidemie, die durch den Uhrzeiger hervorgerufen und durch den Terminkalender übertragen wird.
John Ernst Steinbeck

Man verliert die meiste Zeit damit, dass man Zeit gewinnen will.
John Ernst Steinbeck

Von der Zeit und dem Umgang damit

Wer selbstlos ist, hat Zeit zu allen Stunden.
Tang Hsiän Dsu

Denke immer daran, dass es nur eine allerwichtigste Zeit gibt, nämlich: sofort! – das ist die wichtigste Zeit, weil wir nur sofort noch über uns verfügen können – der wichtigste Mensch aber ist immer der, den man gerade getroffen hat, weil niemand wissen kann, ob er überhaupt noch mit einem anderen Menschen zu tun haben wird – und die allerwichtigste Sache ist: Gutes zu tun, weil nur dafür der Mensch in das Leben gesandt ist.
LeoTolstoi

Mache halten einen ausgefüllten Terminkalender für ein ausgefülltes Leben.
Gerhard Uhlenbruck

Wer mit allem Tun und Sinnen immer in die Zukunft starrt, wird die Zukunft nie gewinnen und verliert die Gegenwart.
Julius Wolff

Verschwendete Zeit ist Dasein.
Gebrauchte Zeit ist Leben.
Edward Young

Es gehört zu den alltäglichen Täuschungen, die Stunden der Vergangenheit und Zukunft reizender zu finden als die Gegenwart.
Heinrich Zschokke

Was der Volksmund spricht

Abgeredet vor der Zeit, gibt nachher keinen Streit.

Advokaten und Soldaten sind des Teufels Spielkameraden.

Allen kann auch kein König gefallen.

Allzu klug regiert nicht gut.

Alte Bäume lassen sich nicht biegen.

Alte Wunde blutet schnell.

Am Großtun erkennt man die Kleinen.

Am Trillern erkennt man die Lerche.

Am vielen Fragen erkennt man den Narren.

An der Geduld erkennt man den Mann.

Auch der Löwe muss sich vor der Maus fürchten.

Auch ein kleines Licht leuchtet in der Finsternis.

Auf einer Pfütze ist die Fliege ein Admiral.

Auf Nachbars Feld steht das Korn besser.

Auf Regen folgt Sonnenschein.

Auf Spatzen schießt man nicht mit Kanonen.

Augenschein ist aller Welt Zeugnis.

Aus den Augen, aus dem Sinn.

Aus einem kleinen Gebüsch springt oft ein großer Hase.

Was der Volksmund spricht

Aus kleinem Wort kommt oft großer Zank.

Bär und Büffel können keinen Fuchs fangen.

Bauern und Schweine haben immer etwas zu grunzen.

Bei andern tadelt man, was man bei sich erlaubt.

Bei Nacht sind alle Katzen grau.

Bergab leite mich, bergauf schone mich, in der Ebene brauche mich, sagt das Pferd.

Besser in der Ferne einen Freund als in der Nähe einen Feind.

Besser mit den Füßen stolpern als mit der Zunge.

Blick erst auf dich, dann richte mich!

Bös' Gerücht nimmt immer zu, gut' Gerücht kommt bald zur Ruh'.

Böse Sachen riechen übel.

Böses lässt sich leicht verrichten, aber nicht leicht wieder schlichten.

Dankbarkeit und Weizen gedeihen nur auf gutem Boden.

Das Alte klappert, das Neue klingt.

Das Glück kann man verdoppeln, indem man es teilt.

Das Herz denkt oft anders, als der Mund redet.

Das Lob von tausend Narren wiegt nicht den Tadel eines klugen Mannes auf.

Das Unmögliche ist in vielen Fällen auch das Unversuchte.

Was der Volksmund spricht

Dem fleißigen Hamster schadet der Winter nicht.

Dem fliehenden Feinde soll man goldene Brücken bauen.

Dem Furchtsamen rauschen alle Blätter.

Dem Kühnen hilft das Glück, den Feigen weist's zurück.

Dem Zorn geht die Reue auf den Socken nach.

Der alte Freund sei nicht geschmäht! Man weiß nicht, wie der neue gerät.

Der Bart macht nicht den Mann.

Der beste Spiegel ist ein alter Freund.

Der Fleiß hämmert das Eisen heiß.

Der Horcher an der Wand hört seine eigne Schand'.

Der Hund ist klüger als die Frau. Er bellt seinen Herrn nicht an.

Der Kluge hält die Augen offen.

Der Kuss ist billig, die Träne teuer.

Der Mann ehrt das Amt, nicht das Amt den Mann.

Der Mund ist des Bauches Henker und Arzt.

Der Teufel ist nie so schwarz, wie man ihn malt.

Der muss nicht von Freiheit reden, dem Hände und Füße gebunden sind.

Der Neid gönnt dem Teufel nicht die Hitze in der Hölle.

Der Ton macht die Musik.

Der Weg zur Tugend ist keinem verschlossen.

Des Königs Spreu gilt mehr als anderer Leute Weizen.

Die dümmsten Bauern haben die größten Kartoffeln.

Die Feder regiert das Schwert.

Die Flinte kennt ihren Herrn nicht.

Die ganze Woche krank und am
Sonntag keine Leiche.

Die Katze lässt das Mausen nicht.

Die Kühe, die am meisten brüllen, geben am wenigsten Milch.

Die Lächerlichkeit tötet sicherer als jede Waffe.

Die Muttersprache heißt so, weil die Väter nie zu Wort kommen.

Die Rache ist süß. Aber man verdirbt sich leicht den Magen daran.

Die sich großer Streiche rühmen, sind selten gute Fechter.

Die Sonne bringt es an den Tag.

Die Trennung beginnt oft schon mit dem Wiedersehen.

Was der Volksmund spricht

Die Wahrheit hat ein schönes Gesicht, aber ein zerrissenes Kleid.

Die Ziege muss grasen, wo sie angebunden ist.

Die Zunge ist der Säbel der Frauen. Sie lassen ihn nie rosten.

Druck erzeugt Gegendruck.

Durch Sagen und Wiedersagen wird ein Geheimnis durch die Stadt getragen.

Ein alter Irrtum hat mehr Freunde als eine neue Wahrheit.

Ein Amt macht wohl satt, aber nicht klug.

Ein blindes Huhn findet auch wohl ein Korn.

Ein Friede ist besser als zehn Kriege.

Ein gerechter König ist besser als ein frommer.

Ein gescheiter Teufel ist besser als ein dummer Engel.

Ein Grenzstein verhütet viel Streit.

Ein Küsschen in Ehren kann niemand verwehren.

Ein schlechtes Schaf, das mit dem Wolf spazieren geht.

Ein Streit ist bald angefangen, aber schwer geendet.

Ein Traum gewährt, was man wachend begehrt.

Ein Unglück kommt selten allein.

Ein unwissender Fürst ist ein gekrönter Esel.

Einen alten Baum versetzt man nicht.

Einen alten Dreck soll man nicht aufrühren, sonst stinkt er.

Einmal ist keinmal.

Eintracht ernährt, Zwietracht verzehrt.

Ende gut, alles gut.

Es fechten nicht alle, die viel drohen.

Es gehen viele Freunde in ein kleines Haus.

Es gibt kein Sprichwort, das nicht wahr ist.

Es ist bald ein Feuer angeblasen, aber nicht so bald gelöscht.

Es ist ein Esel, der mit einem Esel streitet.

Es ist nicht alles Butter, was von Kühen kommt.

Es ist nicht eine Torheit wie die andere.

Es lächelt mancher, dem das Herz weh tut.

Es schlägt nicht immer ein, wenn es donnert.

Es sind nicht alle Koch, die lange Messer tragen.

Es sind nicht alle lustig, die tanzen.

Es sind nicht alles Philosophen, die lange Bärte tragen.

Es sind nicht die weisesten Leute, die am meisten reden.

Es verlobt sich mancher, der nicht Hochzeit macht.

Was der Volksmund spricht

Es wohnt mancher im Kloster, der kein Mönch ist.

Faulheit lohnt mit Armut.

Fische fängt man mit Angeln, Leute mit Worten.

Fleiß kann man vortäuschen, aber faul muss man wirklich sein.

Fleißige Schüler machen fleißige Lehrer.

Fliege nicht eher, als bis dir Federn gewachsen sind.

Gaben vom Feind sind selten gut gemeint.

Gegensätze ziehen sich an.

Gemalte Fenster machen die Stube nicht hell.

Gestrenge Herren regieren nicht lange.

Gewitter reinigen die Luft.

Gewohnheit ist König über den Verstand.

Gleich und Gleich gesellt sich gern.

Graue Haare allein machen kein Ansehen.

Heimlichkeit riecht man weit.

Heiraten ist leicht, haushalten ist schwer.

Hinter den Bergen wohnen auch Leute.

Hoffnung ist ein Seil, auf dem viele Narren tanzen.

Höfliche Worte machen die Zähne nicht stumpf.

Hoher Rang kommt nicht vom Müßiggang.

Hunde, die viel bellen, beißen nicht.

Hüte dich vor einem Mann, der im Zorne lächeln kann.

Im Ärger ist Wahrheit.

Im Dunkeln ist gut munkeln.

Im Kruge kommen mehr um als im Kriege.

Im Leben regiert das Glück, nicht die Weisheit.

In alten Kleidern ist einem am wohlsten.

In der Not frisst der Teufel Fliegen.

Je dicker die Bretter, je tiefer der Bolz; je dümmer der Bengel, je größer der Stolz.

Je enger der Käfig, umso schöner die Freiheit.

Was der Volksmund spricht

Je größer der Berg, je tiefer das Tal; je größer der Mann, je härter der Fall.

Je höher Amt, je tiefer Fall.

Je höher der Affe steigt, je mehr er den Hintern zeigt.

Jedes Ding hat zwei Seiten.

Katz' aus dem Haus, rührt sich die Maus.

Kein Baum fällt auf den ersten Streich.

Keine Rose ohne Dornen.

Kleider machen Leute.

Kleinvieh macht auch Mist.

Lass die Zunge nicht schneller als die Gedanken sein.

Leere Beutel klingen nicht.

Legst du dich zu den Hunden, so stehst du mit Flöhen auf.

Lesen und nicht verstehen ist halb Müßiggehen.

Lieben und singen lässt sich nicht zwingen.

Man ist oft zu jung zum Freien, aber niemals zu alt zum Lieben.

Man muss nicht alles an die große Glocke hängen.

Man soll die Beute nicht vor dem Siege teilen.

Meines Feindes Mund lobt mich zu keiner Stund'.

Mit einem Blinden lässt sich nicht von der Farbe reden.

Mit feiner Seide näht man keinen groben Sack.

Mit großen Herren ist schlecht Kirschen essen.

Mit schönen Worten kocht man keinen Brei.

Mit Wohltun gewinnt man den ärgsten Feind.

Müßiggang ist der Amboss, auf dem alle Sünden geschmiedet werden.

Mut ist die beste Wehr.

Nach dem Schaden macht der Narr Frieden.

Nachahmung ist die höchste Form der Bewunderung.

Neue Besen kehren gut.

Neue Fürsten, neue Gesetze.

Nicht jede Leiter führt in den Himmel.

Nur mit fremden Augen kann man eigene Fehler sehen.

Ohne Köder ist schlimm Fische fangen.

Rede wenig, rede wahr, zehre wenig, zahle bar.

Reue kommt langsam, aber gewiss.

Was der Volksmund spricht

Scharfe Schwerter schneiden sehr, scharfe Zungen noch viel mehr.

Schmeichler sind Katzen, die vorne lecken, aber hinten kratzen.

Schon der Anfang ist der erste Schritt zum Ende.

Schweigen hat Frieden.

Selbsterkenntnis ist der erste Weg zur Besserung.

Seit ich die Menschen kenne, liebe ich die Tiere.

Sorgen behalte für dich, Freuden genieße mit anderen.

Spielen ist keine Kunst, aber aufhören mit Spielen.

Spring nicht über den Graben, wenn der Steg daneben ist.

Sünden kehren lachend ein und weinend aus.

Temperament ist ein vorzüglicher Diener, doch ein gefährlicher Herrscher.

Träume sind Schäume.

Üble Nachred‘ ist bald flügg‘ und lässt viel Gestank zurück.

Unnütze Hände melken den Ochsen.

Unter Gleichen ist der beste Frieden.

Verständige Rede schützt vor Fehde.

Verzeihen ist die beste Rache.

Viel Glanz blendet die Augen.

Viele Federn machen ein Bett.

Viele Hunde sind des Hasen Tod.

Vier Augen sehen mehr als zwei.

Vögel, die zu früh singen, fängt am Abend die Katze.

Was der Volksmund spricht

Vom Hörensagen und Wiedersagen ward mancher schon aufs Maul geschlagen.

Wahltag ist Zahltag.

Was alt ist, brummt gerne.

Was man nicht gern tut, soll man zuerst tun.

Was nützen dem die Waffen, der sie nicht führen kann.

Wasser in Frieden ist besser als Wein in Zank.

Wem das Glück lacht, der gewinnt im Schlaf.

Wem die Sonne scheint, der fragt nicht nach den Sternen.

Wenn das Auge nicht sieht und das Ohr nicht hört, tut dem Herzen nichts weh.

Wenn das Pferd tot ist, kommt der Hafer zu spät.

Wenn die Beute verzehrt ist, frisst ein Wolf den anderen.

Wenn die Weiber auch von Glas wären, sie würden doch undurchsichtig sein.

Was der Volksmund spricht

Wenn du dich durch jeden Hund aufhalten lässt, der dich auf deinem Weg anbellt, wirst du nie ans Ziel kommen.

Wenn eine Frau nicht mit dir redet, hat sie dir was zu sagen.

Wenn es dem Esel zu wohl ist, geht er aufs Eis tanzen.

Wenn man kleine Laster nicht straft, so wachsen die großen.

Wenn man nichts hat, was man liebt, muss man das lieben, was man hat.

Wenn sich die Herren raufen, müssen die Bauern Haare lassen.

Wenn zwei sich streiten, freut sich der dritte.

Wer allein zankt, zankt nicht lange.

Wer andere schimpft, den schimpfen auch andere.

Wer barfuß geht, den drückt kein Schuh.

Wer Böses tut, darf nichts Gutes hoffen.

Wer dem Günstling schmeichelt, macht dem Fürsten den Hof.

Wer den Frieden hütet, bewahrt einen teuren Schatz.

Wer den Fuchs fangen will, der muss mit den Hühnern aufstehen.

Wer den Papst zum Vetter hat, kann Kardinal wohl werden.

Was der Volksmund spricht

Wer den Schaden hat, braucht für den Spott nicht zu sorgen.

Wer die Augen nicht selber auftut, dem werden sie aufgetan.

Wer drei Feinde hat, muss sich mit zweien vertragen.

Wer durchs Zwiebelfeld geht, riecht danach.

Wer ein großes Maul hat, muss einen breiten Rücken haben.

Wer einmal trifft, ist noch lange kein Schütze.

Wer Galle im Mund hat, dem schmeckt alles bitter.

Wer im Schatten steht, den blendet die Sonne nicht.

Wer im Trockenen sitzt, lacht über den Regen.

Wer in Frieden lebt, schläft in Ruhe.

Wer jünger älter wird, bleibt länger alt.

Wer lange droht, macht dich nicht tot.

Wer nicht gejagt wird, braucht auch nicht zu laufen.

Wer nicht hören will, muss fühlen.

Wer nicht leiht, verliert die Freunde, und wer leiht, der macht sich Feinde.

Wer nicht sehen will, dem hilft keine Brille.

Wer rastet, der rostet.

Wer sät, der mäht.

Was der Volksmund spricht

Wer sein Recht gebraucht, beleidigt niemand.

Wer sich auf andere verlässt, der ist verlassen.

Wer sich gern bückt, dem tut der Rücken nicht weh.

Wer trübe Fenster hat, dem erscheint alles grau.

Wer über die Weiber schimpft, hat sie zu lieb gehabt.

Wer will haben gute Ruh', der höre, seh, und schweig dazu.

Wer's Maul nicht aufmacht, der muss den Beutel aufmachen.

Wie der Herr, so die Herde.

Wie man in den Wald hineinruft, so schallt es heraus.

Wird ein Fohlen im Schweinestall geboren, ist es deswegen noch lange kein Schwein.

Wo die Gunst redet, muss die Zunge schweigen.

Wo es an Gründen fehlt, gebraucht man die Fäuste.

Wo Frösche sind, da gibt es auch Störche.

Wo kein Frieden ist, da ist kein Glück.

Würde bringt Bürde.